教育部人文社会科学研究青年基金项目（编号：20YJC790067）结项成果
中央高校基本科研业务费专著出版与后期资助项目（编号：JBK2204014）结项成果
四川省乡村振兴发展研究院系列研究成果

帮助青少年踏上职业之路：

『9+3』免费教育计划绩效评估研究

Help Teenagers Find a Good Job:
A Study on the Performance of the 『9+3』 Free Education Program

李雪峰　王慧　贾晋◎著

西南财经大学出版社
中国·成都

图书在版编目(CIP)数据

帮助青少年踏上职业之路:"9+3"免费教育计划绩效评估研究/李雪峰,
王慧,贾晋著.—成都:西南财经大学出版社,2022.9
ISBN 978-7-5504-5561-0

Ⅰ.①帮… Ⅱ.①李…②王…③贾… Ⅲ.①职业教育—教学研究—中等
专业学校 Ⅳ.①G718.3

中国版本图书馆 CIP 数据核字(2022)第 176134 号

帮助青少年踏上职业之路:"9+3"免费教育计划绩效评估研究

BANGZHU QINGSHAONIAN TASHANG ZHIYE ZHI LU:"9+3" MIANFEI JIAOYU JIHUA JIXIAO PINGGU YANJIU

李雪峰 王慧 贾晋 著

策划编辑:李晓嵩
责任编辑:李晓嵩
责任校对:王甜甜
封面设计:墨创文化
责任印制:朱曼丽

出版发行	西南财经大学出版社(四川省成都市光华村街 55 号)
网　　址	http://cbs.swufe.edu.cn
电子邮件	bookcj@swufe.edu.cn
邮政编码	610074
电　　话	028-87353785
照　　排	四川胜翔数码印务设计有限公司
印　　刷	四川新财印务有限公司
成品尺寸	170mm×240mm
印　　张	12.5
字　　数	160 千字
版　　次	2022 年 9 月第 1 版
印　　次	2022 年 9 月第 1 次印刷
书　　号	ISBN 978-7-5504-5561-0
定　　价	98.00 元

前言

职业教育是关注民生的“平民教育”，也是实施教育扶贫的“排头兵”。习近平总书记指出，“一个贫困家庭的孩子如果能接受职业教育，掌握一技之长，能就业，这一户脱贫就有希望了”“要加大对农村地区、民族地区、贫困地区职业教育支持力度，努力让每个人都有人生出彩的机会”。发展中等职业教育是西部地区普及高中阶段教育的主攻方向，也是加快西部地区人力资源开发、促进西部地区农民脱贫致富的优先选项和关键之举。近年来，民族地区职业教育发展步伐明显加快，但在教育全局中仍是短板，难以承担在加快人力资本积累过程中的重任。加快探索民族地区职业教育服务供给模式创新，补齐职业教育发展短板，已成为确保民族地区同步实现现代化的重要内容。

四川省民族地区“9+3”免费职业教育计划（以下简称“9+3”计划）的创新实施，不仅有效应对了民族地区职业教育资源不足的难题，切实提高了少数民族人才培养质量，还促进了各民族学生交往交流交融。在四川省成功经验的带动下，甘肃省和贵州省分别于2012年、2013年在其省内效仿实行“9+3”计划。然而，伴随着毕业生就业稳定性差等问题的日益显现，社会各界引发了对“9+3”计划的有效性问题的广泛探讨。如果参加“9+3”计划的学生所获教育结果不理想，未能满足民族地区人民群众的合理期待，不但不能发挥政策的正向效应，还可能造成不可预计的负面影响。那么，“9+3”计划作为四川省办好少数民族中职班的创新之举，其政策绩效究竟如何？是否完成了既定的目标？如果政策绩效存在偏差，那么其影响因素什么？“9+3”计划对其他省份办好少数民族中职班是否具有借鉴价值？对上述一系列问题的探讨具有较强的理论意义与现实意义。

本书系统梳理了四川省“9+3”计划的发展概要，包括“9+3”计划的逻辑起点、发展历程、实施细节、政策目标及意义，并对当期取得的成效和面临的挑战进行了详细论述。同时，本书从政策实施的效果标准和效益标准入手，分别选择就业能力和学生满意度作为“9+3”计划的政策绩效评估维度，构建合适的绩效评估框架，对其政策绩效进行了定性和定量评估。在此基础上，本书还从多个视角出发进一步分析了“9+3”计划政策绩效的影响因素，并以此对“9+3”计划提出更具针对性的优化建议。本书所得结论既为优化“9+3”计划的政策内容提供了有益思考，也为其他民族地区推进中等职业教育服务供给提供了有益借鉴。在具体的研究过程中，本书主要得出了以下研究结论：

第一，“9+3”计划的当期绩效基本符合预期。在过去的十余年中，“9+3”计划发挥了应有的经济效应、社会效应和政治效应。作为国家教育改革重大试点项目，“9+3”计划创新了民族地区脱贫攻坚的实践路径，夯实了民族地区现代化建设的人才基础，奠定了民族地区长治久安的社会基础。特别地，在促进学生职业专业知识、预期和优化等就业能力的提升方面取得了显著的成效，并且绝大多数学生在毕业后能够获得相对较好的工作机会，基本实现了“9+3”计划出台的政策初衷。因此，“9+3”计划能够从四川省层面统筹职业教育资源，推广大规模的异地培养模式，无论是在教育普及还是教育成效方面都是值得肯定的，对其他地区推进中等职业教育发展具有重要的借鉴意义。

第二，新时代应继续加强实施“9+3”计划。近年来，民族地区职业教育事业发展取得了显著成效，但与相对发达地区相比仍具有一定的差距。“9+3”计划通过组织民族地区初中毕业生前往成都等地接受中等职业教育，能够有效地帮助他们加快实现自身人力资本积累，进而获得高质量就业机会，成为带动家庭增收的主要动力。部分“9+3”计划学生毕业后选择返回民族地区，能够为民族地区经济社会发展提供更加丰富的人力资源保障。因此，“9+3”计划不仅在个体层面有利于民族地区学生自身发展，在家庭层面有利于促进家庭增收，并且在区域层面为民族地区同步实现现代化提供了坚实的人才保障，其实施符合新时代发展需求，在未来推动民族地区与全国同步实现现代化进程中需要继续坚持。

第三，“9+3”计划的政策内容仍待优化。“9+3”计划巧借成都等地优质的职业教育资源，有效补齐了民族地区职业教育事业发展短板。加之免除学费、就业帮扶、学历认可等优惠措施，“9+3”计划在政策初期保有一定的政策活力。但是，免除学费、就业帮扶等优惠措施，仅能看成“9+3”计划吸引民族地区学生与家长关注的“添头”，而加快职业人才异地培养模式的实践探索，培养出既有专业知识能力，又熟知民族地区风俗习惯和经济社会发展规律的本土人才，才是“9+3”计划的政策活力源泉。因此，充分激活民族地区职业人才异地培养模式的增量价值，是“9+3”计划学生与其他学生在就业市场实现错位竞争的关键所在。就目前看来，这一目标的达成情况并不理想。

李雪峰

2022 年 6 月

目录

1　绪论

1.1　选题背景

党的十八大以来，以习近平同志为核心的党中央对扶贫开发工作作出了一系列深刻阐述和全面部署，把脱贫攻坚摆到治国理政的突出位置。教育扶贫作为阻断贫困代际传递的重要手段，迅速上升到前所未有的战略高度。为解决好“怎么扶”的问题，2015 年 11 月，中央扶贫开发工作会议提出了“五个一批”工程。其中，“发展教育脱贫一批”作为“五个一批”工程的重要内容，明确了“治贫先治愚，扶贫先扶智，国家教育经费要继续向贫困地区倾斜、向基础教育倾斜、向职业教育倾斜，帮助贫困地区改善办学条件，对农村贫困家庭幼儿特别是留守儿童给予特殊关爱”，赋予教育事业在脱贫攻坚中的重要使命。同月，中共中央、国务院出台《中共中央 国务院关于打赢脱贫攻坚战的决定》，明确提出通过“加快实施教育扶贫工程，让贫困家庭子女都能接受公平有质量的教育”，实现“阻断贫困代际传递”的预期目标。教育不仅在现阶段被赋予了“智力扶贫”的艰巨任务，同时在未来较长的一段时间内，还将继续肩负阻断返贫的重要使命。

我国是一个统一的多民族国家，共有55个少数民族、155个民族自治地方，少数民族人口占全国总人口的8.5%，民族自治地方面积占全国国土总面积的64%[①]。习近平总书记先后深入新疆、内蒙古、青海、云南、贵州等少数民族聚居区慰问贫困群众，并在1997年、2008年、2016年、2020年、2022年共五次前往宁夏考察。2020年6月，习近平总书记第四次到宁夏指导脱贫攻坚工作时指出：“中华民族是多元一体的伟大民族。全面建成小康社会，一个少数民族也不能少。”[②] 由于自然、历史等多方面因素的影响，民族地区的经济社会发展水平整体滞后。在我国14个集中连片特困地区中，有11个位于民族地区。在脱贫攻坚时期，民族地区表现出贫困量大面广、贫困分布与生态脆弱区高度耦合、贫困人口脱贫难度大等显著特征，贫困呈现出整体性、长期性发展态势。究其原因，民族地区贫困人口普遍缺乏人力资本素质，极大地限制了他们的增收渠道，导致了其贫困状态。由于家庭贫困，对人力资本的投资必然会受到影响，导致家庭人力资本素质低与贫困之间存在着一种恶性循环机制。因此，为提高劳动者人力资本素质，打破贫困恶性循环，实施教育扶贫已成为民族地区阻断贫困代际传递的重要途径。

我国教育扶贫治理行动在经历长期的实践检验与修正后，已形成以贫困人口为中心，围绕“有学上、上得起、上好学、有收获”四大行动目标

① 相关内容来源于中国政府网《国务院关于印发“十三五”促进民族地区和人口较少民族发展规划的通知》，具体参见：http://www.gov.cn/xinwen/2017-01/24/content_5163017.htm。

② 相关内容来源于新华网《习近平在宁夏考察时强调 决胜全面建成小康社会决战脱贫攻坚 继续建设经济繁荣民族团结环境优美人民富裕的美丽新宁夏》，具体参见：http://www.xinhuanet.com/2020-06/10/c_1126097391.htm。

螺旋式上升发展的教育扶贫治理行动逻辑（袁利平和丁雅施，2020）。当前，维护相对贫困人口对教育“有收获”，即通过教育实现合理的收入增长和社会流动的事实渴求，已成为新时代巩固拓展教育扶贫工作成果的关键所在。职业教育是关注民生的“平民教育”，也是实施教育扶贫的“排头兵”。习近平总书记指出：“一个贫困家庭的孩子如果能接受职业教育，掌握一技之长，能就业，这一户脱贫就有希望了”①，并且“要加大对农村地区、民族地区、贫困地区职业教育支持力度，努力让每个人都有人生出彩的机会”②。通过职业教育或培训，贫困人口可以获得经济性资本收益、符号性资本收益以及缄默性资本收益，进而实现职业教育直接性扶贫、发展性扶贫和补偿性扶贫（李鹏等，2017）。已有实证研究发现，职业教育在一定程度上承担了促进农村劳动力增收的职能，能够有效促进农村劳动力增收，并且得到职业教育培育的农村劳动力与就业市场需求更吻合（黄斌和钟晓琳，2012；栾江等，2014；祁占勇和谢金辰，2021）。

发展中等职业教育是西部地区普及高中阶段教育的主攻方向，也是加快西部地区人力资源开发、促进西部地区农民脱贫致富的优先选项和关键之举（瞿连贵和石伟平，2019）。根据《2019 年全国教育事业发展统计公报》，全国中等职业教育招生 600.37 万人，比 2018 年增加 43.32 万人，占

---

① 相关内容来源于教育部门户网站《职业院校 70%以上的学生来自农村，千万家庭通过职业教育实现了拥有第一代大学生的梦想——职教一人 就业一个 脱贫一家》，具体参见：http://www.moe.gov.cn/jyb_xwfb/s5147/202103/t20210301_515946.html? authkey=boxdr3。

② 相关内容来源于教育部门户网站《全国职业教育工作会议在京召开 习近平作指示 李克强讲话》，具体参见：http://old.moe.gov.cn//publicfiles/business/htmlfiles/moe/moe_838/201406/170742.html。

高中阶段教育招生总数的41.70%①。中等职业教育已成为国民教育体系和人力资源开发体系的重要组成部分，与普通高中教育具有同等重要的地位。近年来，民族地区职业教育发展步伐明显加快，但在教育全局中仍是短板（管培俊，2018），难以承担在教育扶贫中的重任。特别是在深度贫困的民族地区，职业教育资源有限，供需矛盾尤为突出。为应对这一难题，国务院于2019年2月发布的《国家职业教育改革实施方案》中提出，一方面要加大对民族地区、贫困地区职业教育的政策、金融支持力度，支持集中连片特困地区每个地（市、州、盟）原则上至少建设一所符合当地经济社会发展和技术技能人才培养需要的中职学校，另一方面要充分利用优质职业教育资源，落实职业教育东西协作行动计划，切实办好少数民族中职班。

组织民族地区学生到相对发达地区接受中等职业教育，不仅能够有效地应对民族地区职业教育资源不足的难题，切实提高少数民族人才培养质量，还有助于促进各民族学生交往交流交融，促进各民族文化交融创新，加快民族团结教育的常态化机制建立。四川省是全国率先开展这一政策创新实践的省份。2009年，四川省委、省政府在涉藏地区启动实施“9+3”计划。2014年，“9+3”计划实施范围扩大到彝族聚居区，在巩固9年义务教育成果的基础上，组织初中毕业生和未升学的高中毕业生到优质职业学校免费接受三年中等职业教育，并尽力帮助实现就业，探索出了新的人才培养模式。多年来，中央和省级财政共计投入资金20.73亿元，四川省

① 相关内容来源于教育部门户网站《2019年全国教育事业发展统计公报》，具体参见：http://www.moe.gov.cn/jyb_sjzl/sjzl_fztjgb/202005/t20200520_456751.html。

先后有120多所国家示范、重点和省级重点以上的优质中职学校承担该任务，累计招收涉藏地区学生5万余人和彝族聚居区学生近3万人，已有4.2万人顺利毕业，毕业生初次就业率均超过98%。同时，“9+3”计划惠及8万余个民族地区家庭，其中来自偏远、贫困的农牧民家庭子女占90%以上[①]。

教育部对四川省首创的“9+3”计划高度认可，赞其“是推动民族地区教育和经济社会发展的重大举措，不仅为民族地区青少年找到了一条成长、成才的道路，也为加快发展民族地区教育特别是职业教育，促进民族地区跨越式发展和长治久安探索出了新路子”[②]，并将其纳入了国家教育体制改革试点重大项目，将此模式上升到国家政策层面。在四川省成功经验的带动下，甘肃省和贵州省分别于2012年、2013年在其省内效仿实行“9+3”计划。然而，伴随着毕业生就业稳定性差等问题的日益显现（郑涛等，2018；郑涛等，2020），社会各界引发了对“9+3”计划的有效性问题的广泛探讨。需要指出的是，“9+3”计划通过组织民族地区学生到成都等地接受3年中职教育，不仅要实现“上好学”，还要实现“就好业”，让民族地区人民群众切身感受到政策福利，办人民满意的教育。如果参加“9+3”计划的学生所获教育结果不理想，未能满足民族地区人民群众的合理期待，不但不能发挥政策的正向效应，还可能造成不可预计的负面影响。那么，“9+3”计划作为四川省办好少数民族中职班的创新之举，其政

---

① 相关内容来源于四川省人民政府网站《民族地区“9+3”免费教育计划实施10年成效显著》，具体参见：http://www.sc.gov.cn/10462/10464/10797/2019/9/29/11adb5203b99445c9ba6ce7f1aa8815d.shtml。

② 相关内容来源于教育部门户网站《八万学子圆梦职校 助力民族地区腾飞》，具体参见：http://www.moe.gov.cn/jyb_xwfb/s5147/202001/t20200106_414482.html。

策绩效究竟如何？是否完成了既定的目标？如果政策绩效存在偏差，那么其影响因素什么？“9+3”计划对其他省份办好少数民族中职班是否具有借鉴价值？为回答上述问题，本书将以四川省“9+3”计划为例开展系统的案例研究，既为优化四川省“9+3”计划提供有益的思考，也为其他省份办好少数民族中职班提供有益的借鉴。

1.2 中等职业教育的发展历程及现状

1.2.1 中等职业教育的发展历程

《2013年全国教育事业发展统计公报》显示，中等职业教育包括普通中等专业学校、职业高中、技工学校和成人中等专业学校[①]。祁占勇和刘丹（2020）通过对我国职业教育供给在规模、结构、质量上的阶段性特征和重大职业教育政策分析，将我国职业教育发展分为了六个阶段（见图1-1），包括以改造整顿为主的职业教育初步供给阶段（1949—1965年）、以萎缩瘫痪为主的职业教育停滞供给阶段（1966—1976年）、以规模扩张为主的职业教育恢复供给阶段（1977—1984年）、建章立制的职业教育规范供给阶段（1985—1995年）、体制改革的职业教育多元供给阶段（1996—2004年）和服务国家战略的职业教育黄金供给阶段（2005年至今）。在此期间，我国职业教育经历了从社会价值导向到个人价值导向的供给理念的转变、从政府单一供给到多元主体复合供给的供给格局的转变、从以规模扩张为主的体量供给到注重内涵建设的优质供给的实际提供

① 相关内容来源于教育部门户网站《2013年全国教育事业发展统计公报》，具体参见：http://www.moe.gov.cn/srcsite/A03/s180/moe_633/201407/t20140704_171144.html。

能力的转变、从集权模式下的控制管理向服务型政府角色的协调能力的转变以及从权利依附下的自在生长到自为意识觉醒的学校运行能力的转变（祁占勇和刘丹，2020），成就了职业教育事业的蓬勃发展。

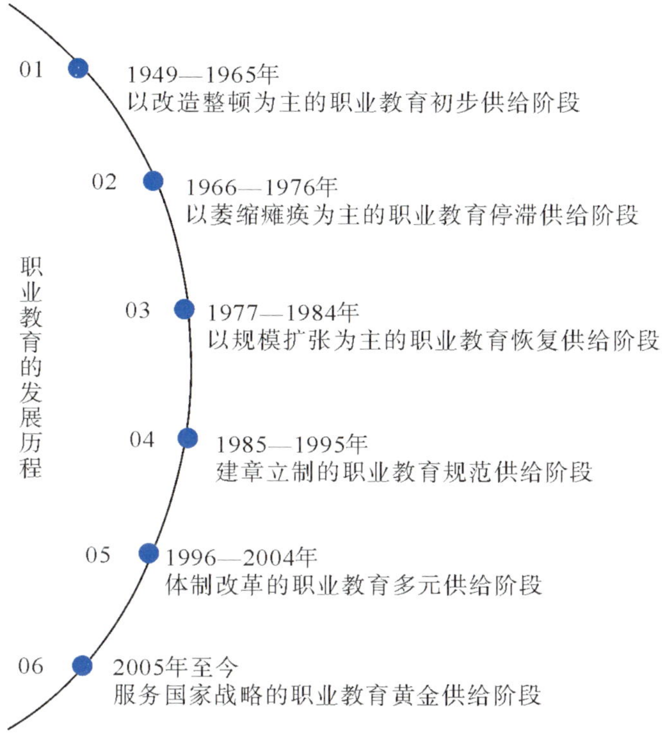

图 1-1　我国职业教育的发展历程

从招生规模来看，我国中等职业教育始终在阶段性“波动”中前行。马欣悦和石伟平（2020）通过对1997—2018年我国中等职业教育规模的分析发现，1997—1998年的中等职业教育招生数达到了阶段性的高峰后便开始下降，在2001年到达谷底后又开始逐年上升，并于2010年达到870.42万人，创招生规模的历史新高。然而，伴随着经济发展转型升级和新业态的出现，社会公众对高等教育的需求日益增强，加之高等教育大众化和普及化进程的加快，从 2011 年开始，中等职业教育招生数呈逐年下降趋势，并一直持续至今（见图 1-2）。相应地，中等职业教育招生数占高中阶段教育招生总数的比例在进入 21 世纪以来也仅在 2009 年、2010 年略超过 50%。普通高中教育规模保持大体相当的政策基本达成目标，但政策效益并不高，需适时对“大体相当”政策进行调整，以回应人们的关切（万卫，2019）。经济合作与发展组织（OECD）发布的《2017 年教育概览》（*Education at a Glance* 2017）显示，世界多数发达国家的中等职业教育占高中阶段教育的比例超过 50%。例如，瑞士为 65%、比利时为 60%、荷兰为 69%、芬兰为 71%、挪威为 50%、奥地利为 70%、卢森堡为 61%、意大利为 56%，澳大利亚为 58%。

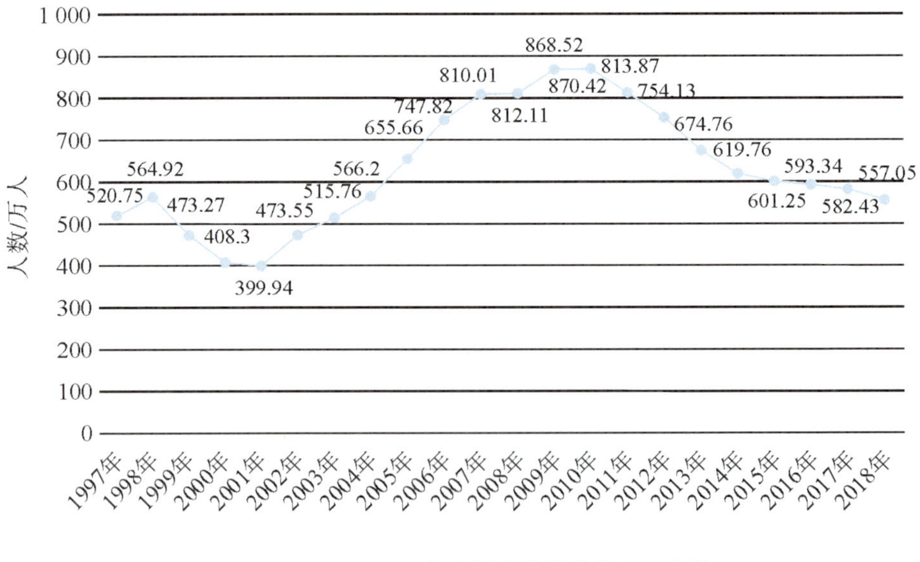

图 1-2 1997—2018 年全国中等职业教育招生数

就我国民族地区中等职业教育发展而言，根据曹隽和刘丹（2018）对相关政策的梳理总结，我国民族地区中等职业教育自改革开放以来经历了萌芽时期（1978—1990 年）、探索时期（1991—1996 年）、形成时期（1997—2005 年）、发展时期（2006—2013 年）、转型时期（2014 年至今）。其中，为解决教育结构不合理，职业教育比重太低，职业技术人才培养难以满足社会主义现代化建设的需要。1985 年 5 月 27 日，《中共中央关于教育体制改革的决定》中首次提出要构建我国职业教育体系，明确了中职学校、职业高中的办学目标及招生办法，为中等职业教育事业发展奠定了坚实的基础。在随后的产业经济加速转型发展过程中，我国对专业技术人才的需求日益旺盛，客观上推动了国家支持民族地区加快职业教育发展的政策实践探索。就整体而言，除继续贯彻对办学经费、师资队伍等进行大力支持外，国家就工学结合、产教融合、校企合作、顶岗实习以及人才培养模式变革等方面作出了系统性部署，并结合民族地区经济社会发展实际需求，对特殊技术、技艺传承与职业教育结合问题作出了指导性的规定（许锋华，2016），推动着民族地区中等职业教育的赶超式发展。

1.2.2 中等职业教育的发展现状

虽然国家在不断加大对中职学生的资助力度，试图通过大规模资助来增强职业教育吸引力、扩大中等职业教育规模，但这一目标的实现似乎并不理想，全国各地仍普遍存在中等职业教育招生困难的问题（于洪姣，2015）。部分学者通过实证测算发现，相较于普通高中教育，中等职业教育在收益率上并未表现出明显的劣势，反而表现出一定程度的优势。例如，周洁和张俊（2019）基于中国综合社会调查（CGSS）2015 年的数据，利用明瑟教育收益法研究发现，同样是中等学历的劳动者，中等职业教育比普通高中教育收益率要高 4.3%左右。然而，祁占勇和谢金辰（2021）基于分位数模型研究发现，中等职业教育的相对回报率呈“逐渐减少”的态势，在 75 分位点与 90 分位点上，中等职业教育的回报率低于普通高中教育。这说明，在服务高层次职位的效益上，中等职业教育依旧落后于普通高中教育。特别地，相较于高等教育，中等职业教育具有显著的、持续的、不断拉大的收益率劣势（王奕俊等，2019）。中职毕业生在劳动力市场上的收益在不断下滑，选择就读普通高中还有机会升入大学，最坏的结果也不比中等职业教育差，因此学生选择中等职业教育的主观动机急剧减弱（叶阳永，2020）。此外，中等职业教育招生专业结构变化速度会滞后于三次产业结构变化、社会大众对高质量高层次教育的需求上升等，也是造成中等职业教育招生困难的重要原因（马欣悦和石伟平，2020）。

虽然我国中等职业教育的发展对促进教育公平、实现入学机会均等、缩小区域间人力资源存量差距等方面做出了很大的贡献（马树超等，2011），但仍在区域均衡性和效率性方面存在一些问题。王伟和冯树清（2016）通过 Malmquist 指数测算分析了我国 31 个省份（除港澳台地区外）2003—2013 年中等职业教育全要素生产率，发现我国中等职业教育全要素生产率年均增长率为 3.2%，其中技术进步是主要增长动力。同时，不同区域间的中等职业教育全要素生产率存在显著差异，西部、中部、东部和东北地区全要素生产率依次下降。胡斌武等（2017）对我国 31 个省份（除港澳台地区外）的中等职业教育发展数据进行分析发现，在均衡性方面，中部地区财力、物力严重匮乏，西部地区专任教师队伍有待加强；中西部地区发展滞后，但增速较快；人均教育资源收敛性显著，地区差异缓慢缩小。在效率性方面，低效率地区普遍存在着教育辅助人员投入过度；经济发达地区财力、物力投入偏多，但高级职称专任教师利用效率不高；西部地区学校占地面积相对较大，但高级职称专任教师明显不足。林克松（2019）通过构建由 5 个二级指标和 12 个三级指标构成的中等职业教育发展指数，对我国 31 个省份（除港澳台地区外）2014 年的中等职业教育发展水平进行统计测算和比较分析后发现，中等职业教育发展水平的省域间差距趋于缩小，但区域差距仍然存在，并呈现出明显的“东高中西低”的态势，中西部地区的省份在基本办学条件方面亟待实现“底线达标”。

1.3 中等职业教育的价值定位及发展目标

1.3.1 中等职业教育的价值定位

进入新发展阶段，科学技术在促进社会分工细化的同时也推动着新旧职业的更替，人的职业素质、职业结构以及职业技能发生了动态变化（南旭光等，2016），促使这中等职业教育的价值定位也发生了巨大的转变。特别是在迈进全面建成社会主义现代化强国的第二个百年奋斗目标的进程中，加快职业教育现代化具有紧迫性。朱全德和熊晴（2021）从形式与实质两个层面出发，对职业教育现代化发展进行了新的价值定位，提出了职业教育现代化兼具一体化发展、类型化发展、开放化发展和大众化发展，分别对应着新目标、新阶段、新内涵与新要求。其中，一体化发展强调搭建纵横贯通的人才培养“立交桥”，建立贯通、衔接、立交、融合的现代职业教育体系，并推进产教全方位与深层次融合；类型化发展强调依托于人、财、事、物四方面因素，全面开启高质量发展的新阶段；开放化发展强调职业教育既是一种跨界的教育，包含跨界导向、性质、主体、领域、地域等，也是一种创新的教育；大众化发展强调职业教育是面向人人的教育，辐射面要更广，实现人人成才的目标。

特别是在乡村振兴战略背景下，职业教育还承担着实现技术赋能乡村振兴的价值定位，在产业带动、人才培育、技术积累、社会服务、生产转化、生态重构、组织建设等方面全面振兴乡村的优势愈发凸显（朱德全，2020）。职业教育是一种横跨“职业域”“技术域”“教育域”与“社会域”的教育类型，有其自身的技术逻辑，即“职业”需要“技术”，“技术”需要“教育”，“职业”“技术”与“教育”主要依附人实现其功能，功能作用的对象主要指向“社会”（朱成晨和闫广芬，2020）。实现乡村振兴需要依托技术赋能下的人才振兴以及产业振兴，而职业教育所培养的乡村技术人才，厚植乡村情怀和技术基因，能够为实现乡村振兴提供源源不断的内生动力。通过技术知识给予、技术文化滋养、技术伦理规约和技术治理路径的逻辑整合，在促进乡村技术型人才培育的同时实现乡村振兴，便是职业教育服务乡村振兴的技术逻辑理路（朱德全和石献记，2021），也是新发展阶段职业教育现代化进程中的关键价值体现。

1.3.2 中等职业教育的发展目标

2021 年 4 月，习近平总书记在全国职业教育大会上对职业教育工作作出重要指示强调，在全面建设社会主义现代化国家新征程中，职业教育前途广阔、大有可为。要坚持党的领导，坚持正确办学方向，坚持立德树人，优化职业教育类型定位，深化产教融合、校企合作，深入推进育人方式、办学模式、管理体制、保障机制改革，稳步发展职业本科教育，建设一批高水平职业院校和专业，推动职普融通，增强职业教育适应性，加快构建现代职业教育体系，培养更多高素质技术技能人才、能工巧匠、大国工匠。各级党委和政府要加大制度创新、政策供给、投入力度，弘扬工匠精神，提高技术技能人才社会地位，为全面建设社会主义现代化国家、实现中华民族伟大复兴的中国梦提供有力人才和技能支撑①。

“十三五”时期，普及高中阶段教育是我国教育事业发展的重要目标任务。教育部等部门联合印发的《高中阶段教育普及攻坚计划（2017—2020年）》（以下简称《攻坚计划》）明确提出，到2020年，要在全国普及高中阶段教育，适应初中毕业生接受良好高中阶段教育的需求。同时，《攻坚计划》还针对中等职业教育招生难的问题，明确提出要通过扩大中等职业教育资源、实施职业教育产教融合工程、办好特色优势专业、建立统一招生平台等措施提升中等职业教育招生比例。“十四五”时期，我国立足高质量教育体系建设，提出要持续巩固提升高中阶段教育普及水平，鼓励高中阶段学校多样化发展。对于职业院校而言，区别于普通高中以高考升学为主的应试教育道路，其能够探索的教育道路更具多样性，因此应首当其冲地承担起创新育人实践的重任，助力新时代中国特色职业教育体系的构建。

当前，我国现代职业教育体系框架已全面建成，但仍存在着内部体系建设不够完善的问题，主要体现为中等职业教育存留问题遭受质疑、职业

---

① 相关内容来源于中国政府网《习近平对职业教育工作作出重要指示》，具体参见：http://www.gov.cn/xinwen/2021-04/13/content_5599267.htm。

教育学制局限于专科层次、职业教育与普通教育转换单向化、学历教育与职业培训衔接不畅、职业培训在职业教育体系中比重较低等方面（葛道凯，2019）。要应对上述问题，我国除继续贯彻落实“普职比大体相当”，做好招数规模保障工作外，还要突出特色办学模式，着重在教育质量方面下硬功夫。根据中共中央办公厅、国务院办公厅印发的《加快推进教育现代化实施方案（2018—2022 年）》的要求，我国应突出以下几个重点工作：一是构建产业人才培养培训新体系，完善学历教育与培训并重的现代职业教育体系，推动教育教学改革与产业转型升级衔接配套；二是健全产教融合的办学体制机制，坚持面向市场、服务发展、促进就业的办学方向，优化专业结构设置，大力推进产教融合、校企合作，开展国家产教融合建设试点；三是建立健全职业教育制度标准，完善学校设置、专业教学、教师队伍、学生实习、经费投入、信息化建设等系列制度和标准，制定并落实职业院校生均拨款制度。

1.4 研究思路与内容

1.4.1 研究思路

本书的研究思路如图 1-3 所示。首先，本书对我国中等职业教育，特别是民族地区中等职业教育的发展历程和现状进行介绍，厘清中等职业教育的价值定位与发展目标。其次，本书对四川省“9+3”计划提出的逻辑起点、具体的实施细节进行全面梳理，结合实地调研以及数据分析，总结提炼“9+3”计划实施的意义、取得的成效以及面临的挑战。再次，本书探讨适用于中等职业教育相关政策的评估标准和维度，以此构建适合

“9+3”计划的政策绩效评估框架。最后，本书对“9+3”计划政策绩效进行定性和定量评估，并从特定视角出发对影响“9+3”计划政策绩效的影响因素进行实证分析，以此为“9+3”计划提出具有针对性的政策建议。

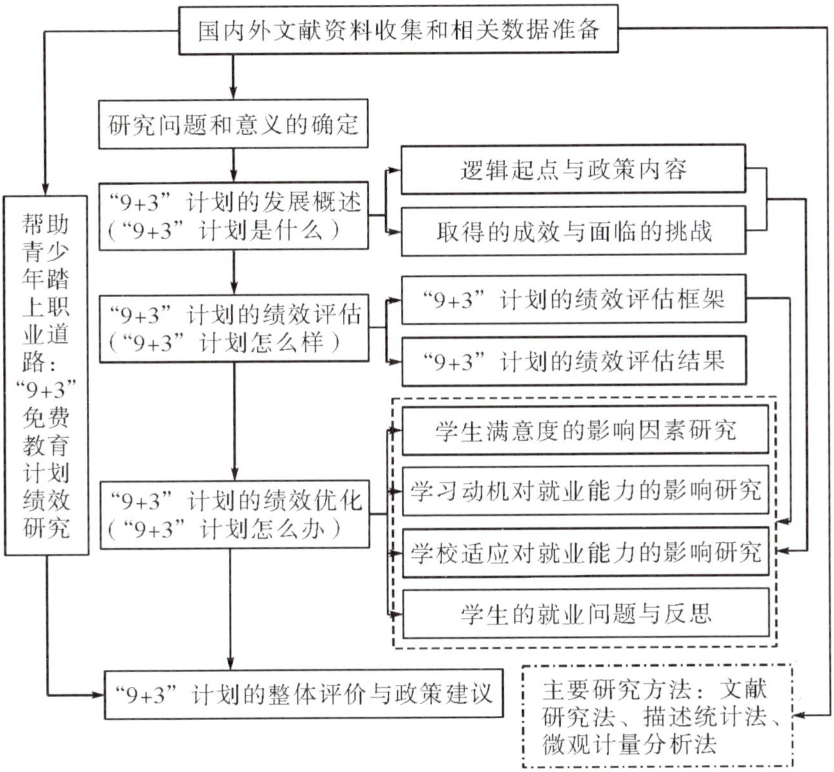

图 1-3 研究思路

1.4.2 研究内容

本书共包含以下九章研究内容：

第 1 章 绪论。本章介绍了全书的研究背景，阐述了研究选题的重要意义，介绍了我国中等职业教育，特别是民族地区中等职业教育的发展历程和现状，厘清了中等职业教育的价值定位与发展目标，并概述了全书的研究思路和内容。

第 2 章　“9+3”计划的发展概述。首先，本章通过梳理民族地区中等职业教育发展滞后所造成的消极影响，介绍了四川省推进“9+3”计划的发展逻辑。其次，本章对“9+3”计划的发展历程和政策内容进行了简要概述，总结了实施“9+3”计划的政策目标以及重要意义。再次，本章从创新民族地区脱贫攻坚的实践路径、夯实民族地区现代化建设的人才基础等方面，对实施“9+3”计划十余年来所取得的成效进行了总结。最后，本章通过实地座谈和资料整理，提出“9+3”计划当前仍面临着政策创新实践停滞、就业压力逐年提升等方面的挑战。

第 3 章　“9+3”计划的绩效评估框架。首先，本章对教育政策评估的内涵及理论演进进行了介绍。其次，本章通过对绩效评估的实施标准和价值标准进行探讨，选择了效果标准和效益标准用于构建“9+3”计划的评估标准体系。最后，本章选择了就业能力和学生满意度分别作为效果标准和效益标准的评估维度，并就不同评估维度构建了相应的评估指标体系，确定了各维度的含义和度量标准，形成了一个完备的绩效评估框架。

第 4 章　“9+3”计划的绩效评估结果。首先，本章对研究区域的选择原因进行了解释，并对样本抽选方案进行了介绍。其次，本章对学生样本的父母受教育程度、父母职业等家庭特征进行了描述性统计分析。最后，本章分别从效果标准和效益标准两个评价标准维度，即就业能力和学生满意度，对“9+3”计划的政策绩效进行了量化评价，对结果中反映出来的特征以及问题进行了总结提炼。

第 5 章　“9+3”计划学生满意度的影响因素研究。首先，本章对研究“9+3”计划学生满意度影响因素的重要性进行了介绍。其次，本章基于欧洲顾客满意度指数模型，构建了“9+3”计划学生满意度指数模型，并从理论层面探讨了感知形象、教育期望、感知质量、感知价值、学生满意度和忠诚度之间的因果关系。最后，本章利用结构方程模型对理论模型中的作用路径进行实证检验，并就相关实证结果进行阐述与解释。

第 6 章　“9+3”计划学生学习动机对就业能力的影响研究。首先，本章对选择从学习动机视角研究“9+3”计划学生就业能力的原因进行了解释。其次，本章基于自我决定理论对学习动机的维度划分，结合“9+3”计划学生的学习生活实际情况，构建了用于研究学习动机影响就业能力的 M-E 模型。最后，本章利用结构方程模型对理论模型中的作用路径进行实证检验，并就相关实证结果进行阐述与解释。

第 7 章　“9+3”计划学生学校适应对就业能力的影响研究。首先，本章对选择从学校适应视角研究“9+3”计划学生学校适应的原因进行了解释。其次，本章基于对学校适应的三个维度划分，结合“9+3”计划学生的学习生活实际情况，构建了用于研究学校适应影响就业能力的 A-E 模型。最后，本章利用结构方程模型对理论模型中的作用路径进行实证检验，并就相关实证结果进行阐述与解释。

第 8 章　“9+3”计划学生的就业问题与反思。首先，本章就“9+3”计划学生当期面临的就业稳定性不足和返乡就业比例过高的问题进行了概述。其次，本章从就业地点、就业去向和专业选择三个方面，对“9+3”计划学生就业的诉求进行了总结分析。最后，本章就“9+3”计划学生就业难题的成因进行了剖析，提出当前政策实施过程中存在的学历水平与就业预期之间的矛盾、就业保障与市场机制之间的矛盾、工资收入与就业诉求之间的矛盾以及民族性特征与标准培养之间的矛盾。

第9章　“9+3”计划的整体评价与优化建议。首先，本章综合“9+3”计划的发展概要和绩效评估结果，对“9+3”计划作出了整体评价，包括当期绩效基本符合预期、符合新时代发展需求、政策时滞性与创新性并存等，并明确提出“9+3”计划应继续坚持实施但相关政策内容需进行调整。其次，本章从厘清新时代人才培养目标、创新民族性人才培养模式、适度统筹分散化教育资源、加快拓展多元化就业渠道、进一步强化政策宣传力度等方面，对优化“9+3”计划提供了相应的政策建议。

2 “9+3”计划发展概述

2.1 “9+3”计划的逻辑起点

四川省是多民族大省，有全国唯一的羌族聚居区、最大的彝族聚居区和第二大的藏族聚居区。据第七次全国人口普查结果，四川省少数民族总人数达568.8万人，占到全省总人口的6.8%。2000年，四川省已有136个县（市、区）基本普及九年义务教育，“两基”[①]人口覆盖率达到93.9%，青壮年非文盲率保持在97%以上，但由于历史、地理、经济等多方面的原因，在四川省内民族地区的51个县中，仍有45个县未普及九年义务教育、13个县未普及小学教育、17个县未扫除青壮年文盲。为补齐民族地区基础教育短板，四川省委、省政府决定于2001年起正式启动实施《四川省民族地区教育发展十年行动计划》，通过十项保障措施，推进五大任务，在民族地区基本普及九年义务教育和基本扫除青壮年文盲。在这十年中，中央和省、州（市）投入资金70多亿元，在四川省民族地区新建

① 基本普及九年义务教育、基本扫除青壮年文盲。

和扩建学校项目 3 523 个，完成民族地区普及九年义务教育人口覆盖率由 2000 年的 19.83%提高到 2010 年的 99%，促进民族地区教育事业实现跨越式发展。

伴随“两基”目标的整体实现，民族地区学前教育和高中阶段教育发展滞后问题仍未得到有效解决。当时，四川省民族地区的学前教育毛入园率仅有 32.5%，高中阶段教育毛入学率仅有 36.2%。为全面巩固义务教育普及成果，四川省委、省政府出台的《四川省民族地区教育发展十年行动计划（2011—2020 年）》明确提出要加快普及高中阶段教育，到 2020 年，一类地区巩固提高高中阶段教育普及成果；二类地区高中阶段毛入学率达到 90%以上；三类地区接近普及高中阶段教育要求，毛入学率达到 85%以上。高中阶段教育包括普通高中教育和中等职业教育。如表 2-1 所示，2008 年四川省民族地区普通初中毕业生数远大于普通高中招生数和中等职业教育招生数之和，并且中等职业教育招生数远低于普通高中招生数。民族地区中等职业教育发展远落后于四川省平均水平。以阿坝藏族羌族自治州为例，2008 年普通高中招生数和中等职业教育招生数共计 6 524 人，仅占普通初中毕业生数的 55.5%。其中，普通高中招生数占普通初中毕业生数的 40.9%，中等职业教育招生数占普通初中毕业生数的 14.6%，远未达到关于普通高中和中职学校招生规模大体相当的要求。

表 2-1　2008 年四川省民族地区各阶段招生、毕业生情况 单位：人

地区	普通初中毕业生数	普通高中招生数	中等职业教育招生数
阿坝藏族羌族自治州（以下简称“阿坝州”）	11 751	4 805	1 719

表2-1(续)

地区	普通初中毕业生数	普通高中招生数	中等职业教育招生数
甘孜藏族自治州（以下简称“甘孜州”）	8 837	2 889	1 054
凉山彝族自治州（以下简称“凉山州”）	50 801	18 074	7 655
四川省	1 118 303	503 016	490 369

注：数据来源于《四川统计年鉴（2009）》。

对于未选择继续升学的初中毕业生而言，由于民族地区经济社会发展水平相对滞后，产业结构较为单一，能够提供的就业岗位有限，加之其自身的人力资本积累有限，不论是在本地还是外地，可供选择的就业机会有限。这些青年人要么在家务农，放牛、放羊，要么在特定时节挖点虫草，抑或是找其他门路，难以获得稳定的就业机会，造成当地面临较为严峻的青年就业问题。青年人不能实现稳定就业，只能在家赋闲或在社会上游荡，既造成了劳动力资源的浪费，无益于家庭经济收入增长和经济社会建设的良性发展，又可能成为社会不稳定因素，影响民族地区的长治久安和长远发展。要破解青年就业问题，除加快推进民族地区经济社会发展以提供更多的就业岗位外，重点还要放在加强人力资本积累方面，确保他们有机会、有能力实现稳定就业。从目前看来，中等职业教育既是民族地区高中阶段教育的明显短板，也是未来普及高中阶段教育的重要着力点。因此，四川省“9+3”计划应运而生。

2.2 “9+3”计划的政策内容

2.2.1 政策发展历程

2009年1月9日，时任四川省人民政府副省长黄彦蓉同志在2009年四川省教育工作会议上明确提出，大力推进民族地区职业教育发展，在民族地区首先实行免费中等职业教育，有计划、分期分批地将民族地区特别是涉藏地区新增中职学生转移到成都等地省级重点中职学校接受职业教育，推进民族地区职业教育发展实现质的飞跃[①]。2009年1月22日，《中共四川省委教育工委 四川省教育厅关于印发2009年工作要点的通知》，正式将涉藏地区“9+3”计划纳入全省教育系统年度工作计划进行统筹安排。2009年6月30日，四川省人民政府办公厅印发涉藏地区免费职业教育的实施意见，明确“9+3”计划的重大意义、发展目标、政策措施和工作要求，标志着“9+3”计划的正式出台。“9+3”计划与牧民定居行动计划、卫生事业发展计划共同构成了四川省涉藏地区“三大民生工程”，瞄准解决涉藏地区居民求学难、住房难和看病难的问题。2010年11月、12月，四川省委、省政府先后出台《四川省中长期教育改革和发展规划纲要（2010—2020年）》和《四川省民族地区教育发展十年行动计划（2011—2020年）》，提出要继续组织实施“9+3”计划，积极推进民族地区免费中等职业教育计划的实施，逐步实现民族地区愿接受职业教育的初中毕业生都能免费接受教育。

---

① 相关内容来源于四川省教育厅网站《中共四川省委教育工委 四川省教育厅关于印发2009年工作要点的通知》（川教〔2009〕1号），具体参见：http://edu.sc.gov.cn/scedu/c100549/2009/2/4/638dc7cfa6c54e0291ff3e4179000028.shtml。

在政策实践方面，2009 年 3 月，“9+3”计划首批 300 名甘孜州藏族农牧民子女赴成都等地中职院校就读，拉开了“9+3”计划试点实施的序幕。2009 年 9 月，四川省全面启动“9+3”计划，组织来自甘孜州、阿坝州和凉山州木里县的学生到成都等地中职院校就学。2014 年，四川省将“9+3”计划的实施范围扩大至彝族聚居区，包括凉山州除木里县外的 10 个县及乐山市峨边县、马边县和金河口区等 13 个县（区）。2016 年，四川省将“9+3”计划的部分资助政策进一步扩展到集中连片特困地区（涉及 29 个县），确保一、二年级中职在校学生全面享受助学金政策，并对三年级在校生按 1 000 元/年的标准给予生活补助①。此外，为满足学生升学意愿，四川省教育厅于 2012 年印发了部分高职院校面向涉藏地区“9+3”毕业生单独招生试点工作实施方案，提出“9+3”计划学生学历提升计划，要求部分高职院校面向“9+3”计划毕业生进行单独招生试点。2018 年，四川省对“9+3”计划进行创新，提出开展“9+5”免费教育试点，定向招收 45 个深度贫困县有意愿且符合条件的初中毕业生，录取后到成都等地免费就读五年制高职教育②。

2.2.2 政策实施细节

2.2.2.1 组织机构

根据四川省人民政府办公厅 2009 年印发的涉藏地区免费职业教育的实施意见的要求，实施涉藏地区免费职业教育的责任主体和实施主体是各级政府。涉藏地区各级政府要按省委、省政府要求，落实“领导挂点、部门

---

① 相关内容来源于四川新闻网《四川将“9+3”免费职业教育扩展到集中连片特困地区》，具体参见：http://scnews.newssc.org/system/20170206/000746985.htm? open_source=weibo_search。

② 相关内容来源于川观新闻《“9+3”学生学历提升 试点“9+5”免费教育 今年教育扶贫职教动作大》，具体参见：https://cbgc.scol.com.cn/news/72679。

包村、干部帮户”的工作机制，负责组织教育、劳动保障、新闻宣传、共青团、妇联等部门开展工作。成都等地各级政府要切实加强领导、统筹协调、指导有关部门和学校做好相关工作。四川省教育厅、团省委、四川省妇联等部门要加强沟通配合，指导有关学校加强德育、提高质量、加强管理和就业指导。四川省政府新闻办、四川省发展改革委、四川省国资委、四川省财政厅等部门要结合职责分工，积极主动做好相关工作。

为进一步做好“9+3”计划的推进工作，四川省专门组建了“9+3”计划领导小组和“9+3”计划学生就业促进工作领导小组。其中，“9+3”计划领导小组由省委副书记担任组长，副省长担任副组长，成员包括四川省委组织部、四川省委宣传部、四川省委统战部、四川省发展改革委等15个省级部门，办公室设在四川省教育厅。“9+3”计划学生就业促进工作领导小组由四川省人大常委会党组书记担任组长，副省长担任副组长，成员包括四川省委组织部、四川省委宣传部、四川省委统战部等20多个部门和甘孜州、阿坝州、凉山州政府相关负责人，办公室设在四川省人社厅。为更好地对接上级部门的工作任务，承担“9+3”计划工作任务的各市（州）成立了相应的领导机构和运行机构，各学校成立了以校领导牵头的“9+3”计划学生管理机构，协调推进“9+3”计划的落地实施。与此同时，阿坝州、甘孜州和凉山州还设立了驻成都“9+3”工作协调办或联络组，并派驻干部和教师到承担“9+3”计划工作任务的学校协调处理相关重要工作。

2.2.2.2　经费投入

建立以公共财政为支撑的经费保障体系，确保充足的教育经费投入是

“9+3”计划顺利实施的根本保障。四川省建立了以省级财政投入为主，中央财政、市级财政、县级财政共同承担的经费投入体系。如表 2-3 所示，2009—2018 年，投入“9+3”计划的中央财政资金共计 4.742 亿元，省级财政资金共计 14.020 亿元。其中，中央财政资金投入较为稳定，多数年份保持在 0.4 亿~0.5 亿元；省级财政资金投入也基本保持在 1 亿元以上。

表 2-2 “9+3”计划年度经费投入情况 单位：亿元

项目	2009	2010	2011	2012	2013	2014	2015	2016	2017	2018	合计
中央财政	—	0.913	0.465	0.513	0.450	0.432	0.502	0.500	0.469	0.498	4.742
省级财政	1.618	1.775	2.115	1.004	0.837	1.526	0.991	1.348	1.306	1.500	14.020

注：数据根据胡凤君（2019）撰写的《教育扶贫政策执行成效及问题研究》整理。

上述教育经费投入的重要项目之一是学生补助经费，以此确保学生的“零费用”和“无障碍入学”，减轻家庭的教育负担。如表 2-3 所示，每位“9+3”计划学生在校学习的三年时间中能够获得共计 20 300 元的补助经费。其中，补助经费主要用于免除学费，补助交通、住宿、书本杂费，补助生活费，补助学校工作经费等四项，每年分别按照 2 000 元、1 500 元、3 000 元和 500 元的标准进行经费投入。同时，学生在入学的第一年，享有额外的 300 元用于补贴冬装购买；在入学的第三年，享有额外的 300 元用于补贴顶岗实习工作经费。此外，学生在校学习期间还能够享受与学校驻地城镇居民同等的基本医疗保障。

表 2-3　“9+3”计划学生每生补助经费分项表　　单位：元

<table>
<tr><th>项目</th><th>第一年</th><th>第二年</th><th>第三年</th><th>备注</th></tr>
<tr><td>免除学费</td><td>2 000</td><td>2 000</td><td>2 000</td><td rowspan="7">为学生购买城镇居民基本医疗保险、意外人身保险以及必要的学习、生活用品</td></tr>
<tr><td>补助交通、住宿、书本杂费</td><td>1 500</td><td>1 500</td><td>1 500</td></tr>
<tr><td>补助生活费</td><td>3 000</td><td>3 000</td><td>3 000</td></tr>
<tr><td>补助学校工作经费</td><td>500</td><td>500</td><td>500</td></tr>
<tr><td>补助冬装购买费</td><td>300</td><td>—</td><td>—</td></tr>
<tr><td>补助顶岗实习工作经费</td><td>—</td><td>—</td><td>300</td></tr>
<tr><td>合计</td><td colspan="3">20 300</td></tr>
</table>

2.2.2.3　招生管理

经过多年的实践探索，“9+3”计划的招生管理工作日渐成熟，形成了涵盖摸底、宣传、报名、考核和录取等阶段的完善的招生管理流程，建立了包括四川省涉藏地区“9+3”免费教育中职学校招生计划、四川省涉藏地区“9+3”免费教育中职学校招生办法等政策文件在内的招生政策体系，并根据实践情况定期进行政策内容的动态调整，为“9+3”计划招生管理工作提供了坚实的保障。

在招生条件方面，“9+3”计划既要落实“应招尽招”，也要确保一定的生源质量。“9+3”计划的目标人群包括户口在政策实施所在地的应届、往届初（高）中毕业生和高中肄业学生。其中，应届初（高）中毕业生不限年龄，往届初中毕业生不超过 18 周岁，往届高中毕业生、肄业生不超过 20 周岁。报考学生需遵守《中华人民共和国宪法》和法律，品行良好，体检合格，并且具备一定的汉语听说能力。同时，为防止毕业文凭的造假现象，往届生需与应届初中生一起参加初中毕业升学统一考试。文化考试不合格的学生可以在当地参加预科补习，补习合格后再到成都等地学校继续接受职业教育。

在招生宣传方面，“9+3”计划通过电视、广播、新媒体、报纸、传单、展板等宣传渠道，辅以承担“9+3”计划工作任务的学校派遣教师到当地进行现场宣讲，形成“线上+线下”多层次联动的全方位宣传体系，确保政策宣传工作能够精准落地到每个适龄学生家庭。在“9+3”计划实施的第一年，招生宣传工作的重点在于宣传政策内容本身，包括资助政策、就业政策、报考条件、报名和录取程序等相关内容。在随后的年份中，招生宣传工作加入了参加“9+3”计划学生成长变化和就业升学情况的相关内容，突出学生在成都等地中职学校学习所取得的成绩，让家长能够看到实实在在的教育回报。

在招生录取方面，相关工作在四川省招考委和四川省教育厅的领导下，由四川省教育考试院组织州（市）教育局、招办和招生学校统一录取。阿坝州、甘孜州、凉山州、乐山市等州（市）教育局摸清生源情况，向四川省教育厅申报分专业招生需求计划。四川省教育厅统一下达“9+3”计划中职学校招生计划。各州（市）教育局根据生源情况和招生计划将分校、分专业招生计划下达到各县（市）。各州（市）招办根据本地招生计划拟定录取资格分数线报教育考试院，并由四川省教育厅审定后向社会公布执行。录取采用现场投档方式，由各州（市）招办根据分县（市）招生计划和考生志愿，从高分到低分按 1∶1 的比例向学校投档，并提供纸质档案供学校进行审核。

2.2.2.4 日常管理

“9+3”计划将四川省民族地区学生送到成都等地接受职业教育，需要学生应对适应学习和生活环境转变所带来的系列挑战。为帮助“9+3”计划学生更快地适应成都等地学校的学习和生活环境，四川省教育厅在试点基础上，广泛实行“混班混住”和“结对帮扶”政策。其中，“混班混住”是指“9+3”计划学生按专业与成都等地学生进行统一编班和安排住宿，让“9+3”计划学生能够打开自己的人际交往圈，更多地与成都等地学生进行沟通交流，更快地适应成都等地的生活方式和生活习俗。“结对帮扶”是指委派老师、成都等地学生与“9+3”计划学生结成帮扶对子，进行一对一、二对一、三对一的帮扶活动，在学习和生活等方面切实解决每名“9+3”计划学生可能面临的共性问题和个性问题，使其能够更快渡过学习和生活环境转变的不适应期。

在日常管理工作中，四川省教育厅专门出台了关于中职学校学生行为“三禁两不”“十不准”纪律规定。其中，“三禁两不”是指学校的在校学生严禁饮酒酗酒、严禁携带隐藏管制刀具、严禁在校内抽烟、不准结伙抱团、不准不假外出。“十不准”是指不准携带隐藏管制刀具、不准打架斗殴、不准结伙滋事、不准擅自外出、不准酗酒抽烟、不准衣冠不整、不准侮辱他人、不准赌博盗窃、不准强行索要他人财物、不准进营业性歌舞厅酒吧。同时，在上述纪律规定实施过程中，四川省教育厅要求各学校淡化民族身份，强化学生身份，严格执行学生纪律规定以及处理条例，做到管理、检查、教育“三管齐下”，营造良好的校风校纪。

“五项教育”也是四川省教育厅加强中职学校特别是“9+3”计划学校日常管理工作的创新实践，包括爱国主义教育、民族团结教育、遵纪守法教育、文明行为教育、感恩励志教育。其中，爱国主义教育的重点在于引导学生热爱祖国的大好河山、热爱伟大的中华民族、热爱祖国的灿烂文化；民族团结教育的重点在于帮助学生了解我国统一多民族国家基本国情，教会学生处理民族关系问题的方法，营造民族团结的良好氛围；遵纪守法教育的重点在于帮助学生树立守法意识，教育学生做遵纪守法的合格公民；文明行为教育的重点在于帮助学生规范仪容仪表，养成良好的行为习惯，培养集体主义精神；感恩励志教育的重点在于培养学生的感恩之心，增强学生的社会责任感，激发学生的奉献精神。

2.2.2.5 就业升学

学生毕业后的就业结果是检验“9+3”计划政策绩效的关键所在，也是广大人民群众关注的重点内容。为做好就业促进工作，四川省委、省政府出台专门文件，通过学生自主择业、学校指导就业、企业吸纳就业、继续升学深造以及选征优秀学生入伍和基层机关事业单位招录（聘）等途径（见图 2-1），促进“9+3”计划学生实现就业创业。

图 2-1 “9+3”计划学生的就业升学保障措施

在企业吸纳就业方面，“9+3”计划学生就业促进工作领导小组的各成员单位按照责任分工，多路径开发就业岗位，挖掘国有企业特别是大中型国有企业内部的就业潜力，努力为“9+3”计划学生提供合适的就业机会。例如，四川省经信委于2012年4月向四川省21个市（州）经信委和重点园区下发通知，号召和督促各地工业企业吸纳“9+3”计划学生就业。

在基层机关事业单位招录（聘）方面，四川省委组织部、省人社厅、省教育厅、省公务员局于2012年4月下发公告，针对“9+3”计划学生进行招录（聘）名额单列。例如，眉山市于2012年组织实施了“9+3”计划毕业生中录用公务员和公开招聘工作人员的考试工作，报名244人，参考241人，上线207人，上线率为86%，其中事业性岗位上线166人，公务员上线41人[①]。

在继续升学深造方面，四川省教育厅于2012年3月在四川建筑职业学院、四川交通职业技术学院、四川邮电职业技术学院等10所国家和省级示范高职院校的31个专业启动了面向“9+3”计划毕业生的单独招生试点工作，并在随后的实践过程中不断地扩大试点学校范围。“9+3”计划毕业生高职单招考试工作由各招生院校自行组织。例如，根据《四川工程职业技术学院2020年普通类“9+3”高职单招招生章程》的规定，单独招生面向符合四川省2020年普通高考报考条件的“9+3”计划应往届毕业生，采取“文化+技能”的考试办法，实行“单列计划、单独命题、单独考试、单独录取”，并且按照考生考试结果及分专业招生计划，从高分到低分择优确

① 相关内容来源于四川省人民政府门户网站《眉山市“9+3”学生参加全省涉藏地区公务员和事业性岗位公招考试取得优异成绩》，具体参见：http://www.sc.gov.cn/10462/10883/11066/2012/6/12/10213693.shtml。

定录取名单，藏族聚居区、彝族聚居区考生分别录取。

2.2.3 政策目标及意义

“9+3”计划通过积极组织民族地区应届、往届初（高）中毕业生和高中肄业学生到成都等地免费接受职业教育，同时辅以支持民族地区发展职业教育，办好中职学校，促进民族地区中职学校招生规模的扩大和教学质量的持续提高。根据要求，从2009年至2013年，四川省支持涉藏地区发展职业教育，办好中职学校，使涉藏地区中职学校年招生规模由不到3 000人，发展到4 000人。到2013年，涉藏地区初中毕业生升学率由70%提升到95%，中职学校与普通高中的招生比由2.6∶7.4提升到6∶4，基本普及高中阶段教育。随着“9+3”计划实施范围的逐步扩大，政策目标也得到了相应的调整。实现上述目标具有以下三个重要意义：

第一，改善民族地区的教育民生。受益于国家政策支持，民族地区教育事业得到了快速的发展，特别是在义务教育阶段。但是，受观念、历史、自然条件和经济等多重因素的影响，民族地区职业教育的发展仍显滞后，这不仅是民族地区教育事业的短板，也已成为我国职业教育事业的短板。“9+3”计划的实施，在持续推进民族地区职业教育事业发展的同时，通过巧借成都等地优质的职业教育资源，创新人才培养模式，组织民族地区青少年到成都等地接受职业教育，解决了民族地区职业教育服务供给不足的“燃眉之急”，有效回应了广大人民群众的职业教育需求，改善了民族地区的教育民生。

第二，加快民族地区的跨越式发展。人力资本积累不足是阻碍民族地区经济社会发展的重要因素。职业教育是广大青少年打开成功成才大门的重要途径，对培养高素质人才、促进就业创业具有重要的作用，对民族地区更是如此。“9+3”计划通过组织四川省民族地区青少年到成都等地接受职业教育，不仅有助于他们接受优质的技术技能教育，提高自身人力资本积累，获取更高质量的就业机会，带领家庭踏上富裕道路，还有助于他们开阔视野、拓展思维。大量“9+3”计划学生在成都等地学成后，会主动选择返回家乡就业创业，参与到经济社会发展的方方面面，为民族地区注入源源不断的发展活力。在这些本地高质量人才的带领下，优势资源禀赋将得到更加有效的组合和利用，进而促进民族地区的跨越式发展。

第三，推进民族地区的长治久安。加强民族地区中等职业教育服务供给不仅在提高国民人力资本积累、促进区域社会公平、打破贫困代际传递等方面发挥着显著的积极影响，表现出较强的经济效应和社会效应，还有助于推进民族地区的长治久安，表现出较强的政治效应。多年来，境内外敌对势力对我国实行“分化”和“西化”，试图利用民族问题和宗教问题开展民族分裂活动，对国家安全造成严峻的挑战。加强民族地区中等职业教育服务供给，培养青少年学生的社会主义核心价值观，强化民族团结教育和爱国主义教育，并通过夯实人力资本积累改变民族地区经济社会发展的落后面貌，对维护民族地区稳定，提升民族凝聚力，巩固党在民族地区的执政基础具有重要的意义。因此，相较于非民族地区，民族地区中等职业教育服务供给的政治效应更加突出，相应的任务也更加紧迫。

2.3 “9+3”计划取得的成效

作为国家教育改革重大试点项目，四川省“9+3”计划开始实施已逾

10年，先后有120多所国家和省级示范中职学校承担了“9+3”培养任务，民族地区青年受教育年限得到大幅度提升，整体素质得到普遍增强，有效巩固了民族地区义务教育的发展成果，拓展了民族地区职业教育的外延，探索出了民族地区职业教育发展的新路子。具体而言，“9+3”计划取得的成效如下：

第一，创新民族地区脱贫攻坚的实践路径，为贫困家庭子女开启希望之门。截至2019年年底，“9+3”计划累计招收四川省涉藏地区学生逾5万人，彝族聚居区学生约3万人。在上述政策惠及的家庭中，来自偏远、贫困地区的占90%以上，入学时家庭人均年收入低于2 800元的占80.3%，建档立卡贫困家庭占到17%以上，覆盖四川省全部深度贫困县所有乡镇和行政村①。经过三年时间的学习，已毕业的4.2万名“9+3”计划学生初次就业率超过98%，年收入3万元以上的占比64.4%，年收入5万元以上的占比22.1%，成为阻断贫困代际传递的生力军。“9+3”计划不仅改变了学生及其家庭的命运，让众多家庭迈上小康道路，同时为民族地区如期完成脱贫攻坚工作输送了大量的骨干力量，把过去以外来帮扶为主的“输血”扶贫模式，转变成以内源发展为主的“造血”扶贫模式，为促进民族地区实现全面建成小康社会、加速实现现代化建设提供了不竭动力。

第二，夯实民族地区现代化建设的人才基础，为经济社会发展注入持续动力。“9+3”计划以助力民族地区优势特色产业发展为遵循，结合人民群众对高质量就业的美好愿景，着重培养文化旅游、现代农牧业、学前教

---

① 相关内容来源于人民网《四川民族地区“9+3”免费教育计划实施十年》，具体参见：http://sc.people.com.cn/n2/2020/0106/c379470-33690406.html。

育、民族艺术等领域的技能人才，有力推进了民族地区产业振兴发展。同时，“9+3”计划以促进学生全面发展为核心，坚持立德树人，强化学生的政治素养、专业素养和职业能力培养，注重规范教育、法治教育和感恩教育，着力提高学生的学习能力和实践能力。通过在成都等地的三年学习，“9+3”计划学生在精神面貌、思维方式和行为习惯等方面具有显著的提升。50%以上的已经毕业的“9+3”计划学生回到家乡就业创业。其中，大量学生通过入伍安置和乡镇机关事业单位招考加入基层队伍，分布于乡镇教育、卫生、维稳以及驻村等多种岗位。他们熟悉当地方言，了解当地经济社会发展实际以及人民群众的真实需求，懂技术、有知识，是能够“下得去、干得好、留得下”的本土人才，是支撑民族地区基层事业发展的人力资源基础。

第三，奠定民族地区长治久安的社会基础，为加强民族团结培养维护者和践行者。“9+3”计划积极宣传贯彻党的民族政策，创新实施理想信念教育、爱国主义教育和民族团结教育，并将思想政治教育融入日常教学管理，帮助学生在思想上不断进步，从“知党”“信党”到“爱党”“入党”，培养了一大批社会主义事业的合格建设者和可靠接班人。早在2015年，有近2 000名“9+3”计划学生光荣入党，团员比例高达87%。民族地区青少年走出大山牧区，与成都等地青少年“混班混住”，增进相互了解，让“9+3”计划学生真切感受到中华民族大家庭的温暖，成为国家统一、民族团结的坚定维护者和践行者。同时，这些学生还给民族地区带来了新的思想观念、新的生活方式和新的社会风尚，并且有效遏制了违法乱纪、打架斗殴等事件的发生，大幅降低了安全隐患，为民族地区精神文明建设和长治久安做出了重大贡献。

2.4 “9+3”计划面临的挑战

第一，政策创新实践停滞，重视程度逐步滑坡。四川省在2009年首次提出并实施“9+3”计划时，由于巧借成都等地优质的职业教育资源，有效补齐了民族地区职业教育事业发展短板，加之免除学费、就业帮扶、学历认可等因素，使得“9+3”计划在很长一段时间内保有充足的政策活力。但在“9+3”计划实施已逾10年之际，针对政策内容本身的优化调整速度相对较慢，难以跟上我国职业教育事业发展的整体步伐。例如，针对“9+3”计划学生及承担相关工作任务学校的资助政策从未进行过调整，已难以适应经济社会发展情况与物价水平。同时，部分创新政策存在支持力度下降，甚至是直接取消的现象。例如，甘孜州、阿坝州、凉山州针对“9+3”计划毕业生的公招定向指标数量从2013年起便逐年递减，并且定向入伍指标数量也从2015年起出现了大幅下降（郑涛等，2018），对稳定“9+3”计划毕业生的就业质量造成了较大的挑战。

第二，就业压力逐年提升，学生就业质量不足。帮助毕业生实现高质量就业是“9+3”计划成功的关键。在“9+3”计划学生就业促进工作领导小组的统筹安排下，大量乡镇机关、事业单位、国有企业提供了大量的工作岗位，确保“9+3”计划毕业生能够实现稳定就业。然而，随着“9+3”计划毕业生人数的逐年提升，上述单位能够提供的工作岗位相对有限，加之招录（聘）计划单列容易引起其他应聘人员的不满情绪，导致这一就业帮扶措施难以持续。对于自主择业的毕业生而言，留在就读学校所在地工作面临较高的生活成本，加之就业观念相对落后，导致他们的就业稳定性较差。调查显示，有55.1%的“9+3”计划毕业生更换过工作，其中8.7%的学生至少更换过两次工作，几乎每个学校都有学生在顶岗实习阶段就已更换多个单位的情况（郑涛等，2018）。在成都等地留不住的“9+3”毕业生只能选择返乡工作，但由于民族地区产业结构单一，难以找到合适的工作岗位，导致他们的就业质量难以得到保障。

第三，人才培养定位不清，专业设置有待优化。“9+3”计划开放的专业是根据教育部2010年修订的《中职学校专业目录》设置的，先后开设了19个专业大类中的76个专业供学生选择。2016年，四川省对招生专业再次进行调整，将开设专业缩减至36个，包括畜牧兽医、电子技术应用、计算机应用、学前教育等（陈巧妹，2017）。然而，这一专业设置与民族地区经济社会发展实际的契合度较低，并且成都等地学校也未根据民族地区的发展需求进行人才培养方案调整，难以充分激活“9+3”计划学生的比较优势。“9+3”计划学生的文化课成绩普遍较差，在传统的专业知识学习上相对其他成都等地学生而言更加吃力。为了让“9+3”计划学生顺利毕业，部分学校只能采取降低人才培养要求的方式，导致这些学生在成都等地很难找到高质量就业机会，而返乡工作又无法完全发挥自身的专业特长。

3　“9+3”计划的绩效评估框架

3.1　教育政策评估的内涵及理论演进

自 1951 年哈罗德·拉斯韦尔（Harold Lasswell）首次提出“政策科学”的概念，正式开启政策研究的先河以来，各种政策评估理论被相继提出。教育政策评估作为公共政策评估的分支领域，在教育政策制定中的作用已逐渐受到广泛认可。以美国为代表的西方发达国家为确保教育财政投入的产出效果，政策制定者正在实验大量与教育有关的政策，如学校选择、大学储蓄和奖学金计划、教师绩效工资等，并以此作为优化政策制定的重要证据（杨钋，2010）。上述政策实验为学术研究提供了大量有价值的机会，吸引不同领域的经济学家进行了大量开创性的研究工作（例如，Boyd et al.，2006；Sanbonmatsu et al.，2006）。

在完整的教育政策过程中，政策评估是其中一个重要的组成部分。根据范国睿（2011）对政策过程的描述，政策过程是一个由制定、执行、评价、调整等活动组成的多层次的顺序相接直至终结，并导向新政策活动的连续的复杂的过程。一项教育政策根据实际教育发展需要被制定且执行，并不意味教育政策过程的结束。正如袁振国（2000）所述，政策出台以后不再需要调整、修订、更新是少有的和偶然的；政策出台之后，需要不断进行必要的修订、补充、完善、更新，这是经常的，也是正常的。由于政策决策者在政策制定过程中面临不完全信息问题，并且在政策执行过程还面临外部环境的动态变化，因此教育政策制定后仍需进行不断优化调整，以更好地满足当时的教育发展需求。具体而言，政策执行过程会产生大量的信息反馈。如何有效地从冗杂的信息中提取有价值的信息，支撑教育政策进行优化调整，便需要依靠科学的政策评估。政策性制定者通过对教育政策开展评估工作，可以实时掌握政策执行过程中取得的绩效和面临的问题。若符合政策的预期目标，政策可继续执行；若不符合政策的预期目标，政策制定者需要针对评估结果中存在的问题进行综合评判，对能优化的政策进行再优化，对不能优化的政策则予以及时终止，以此确保有限的政策资源得到合理利用。

然而，在教育政策评估漫长的理论演进过程中，学术争论从未停止过。杜文静和葛新斌（2017）借鉴了埃贡·古贝和伊冯娜·林肯在《第四代评估》中对于评估理论的四代划分，将教育政策评估理论的演进划分为四个阶段（见表3-1）。第一阶段是工具导向下的测量评估，认为教育政策是无关价值的客观存在，可如同工业产品一样被测量，将评估直接等同于测量；第二阶段是目标导向下的描述评估，按照预定的目标规范，将测量纳入政策评估的从属范畴，着重描述功能的发挥；第三阶段是决策导向下的判断评估，聚焦于判断教育政策能否有效解决教育问题，进而反映特定社会经济背景下的教育需求，社会公平性的价值诉求呼之欲出；第四阶段是价值导向下的建构评估，以多元价值观为基础，通过与利益相关者的反复论证、批判以及分析过程，建构出对问题的共识而完成政策评估。由此可见，教育政策评估研究的发展趋势，除了日益强调评估理论的基础地位外，还表现为逐渐由单纯的技术工具取向，转向系统性综合评估取向发展。

表 3-1 教育政策评估基础理论演进的四个阶段

阶段划分	评估导向	评估范式	基本特征
第一阶段	工具导向	测量评估	强调政策是价值无涉的客观存在，将教育政策评估等同于实验数据的测量
第二阶段	目标导向	描述评估	强调评估者身临其境的重要性，将教育政策评估等同于实地实验的描述
第三阶段	决策导向	判断评估	评估聚焦于判断教育政策能否有效解决教育问题，进而反映特定社会经济背景下的教育需求
第四阶段	价值导向	建构评估	重视回应政策利益相关者的观点表达，在互动与协商中完成评估

注：相关资料根据杜文静和葛新斌（2017）的研究成果进行整理。

当然，国内学者也是这场论战的积极参与者。例如，李孔珍和洪成文（2006）指出，教育政策需要从教育政策过程的每个阶段重视教育公平的价值追求。特别是在教育政策评估阶段，涉及“如何将事实和价值整合在一起成为更加系统化的分析模式的问题”，将显著影响教育公平的价值追求能否实现。石火学（2010）提出，教育政策评估重事实标准、忽视价值标准正是导致教育政策重效率而轻公平的重要原因之一。他认为，教育政策评估应该把价值标准作为首要标准，进而促进社会价值与个体价值、工具理性与价值理性、功利主义与价值要求的统一。邓峰（2013）提出，建立科学的教育质量监测体系是实现教育公平与卓越的必然选择，是教育转向内涵发展的重要标志。在此基础上，教育评估应进一步提高科学性和规范性，为教育政策制定提供更多的证据支撑。就目前看来，国内研究已迈入教育政策评估理论的第四阶段，并且就将教育公平纳入政策评估标准已达成基本共识，如何有效整合效率与公平也已成为研究的重点方向。但是，正如部分学者所述，不同于欧美发达国家的发展经验，当前我国教育政策评估研究还没有走完第一个技术性环节，最缺少的就是为公共政策制定、执行、调整和终结所提供的经验研究。若基础的技术性工作还未做扎实，便开始考虑“价值多元”是不可取的（和经纬，2008；檀慧玲和王发明，2017）。因此，在充分遵循价值导向的基础上，探索教育供需规律，构建有效的理论评估框架，结合实证研究与经验推理，才是实施教育政策评估的有效选择（张羽，2013）。

3.2 “9+3”计划的绩效评估标准及维度选择

3.2.1 “9+3”计划的绩效评估标准

教育绩效是教育政策的结果。教育政策评估是依据一定的评价标准，通过系统分析、判断教育政策执行过程，对政策执行所取得的成效和经验进行及时总结，并厘清执行过程中存在的问题和优化空间，进而优化教育政策、实现预期目标（张乐天，2009）。换言之，判断一项教育政策的绩效，必须依托于教育政策评估标准。教育政策评估标准是指进行教育政策评估时应坚持和遵循的价值尺度与界限，是用来判定教育政策绩效优劣程度的一系列标准（范国睿，2011）。从理论角度来看，教育政策评估应该是事实标准和价值标准的统一。其中，事实标准是对教育政策的科学性进行判断，而价值标准是对教育政策的合理性进行判断（石火学，2010）。

就“9+3”计划而言，政策出台的初衷在于确保四川省民族地区青少年有机会通过免费接受三年中等职业教育，实现“职教一人，就业一人，脱贫一户”的目标，促进民族地区跨越式发展和长治久安，帮助民族地区群众脱贫致富，表现出较强的经济效应、社会效应和政治效应。作为民族地区职业教育发展的创新举措，公益性始终被放在“9+3”计划的突出位置（郑涛等，2020）。一方面，政府对“9+3”计划学生除了免除学费外，还提供相应的生活补助，交通、住宿等学杂费补助和新生冬装补助，并将其整体纳入当地城镇居民基本医疗保险范围；另一方面，承担“9+3”计划任务的职业学校都是经过挑选的省级乃至国家级重点中职学校，在办学水平、教学设备、师资力量等方面都能为“9+3”计划的实施提供坚实支撑。对照前文关于教育政策评估标准的探讨，“9+3”计划基本符合教育政策的价值标准判断。就目前而言，“9+3”计划面临的主要问题并不在于普惠性和公平性不足，而在于人才培养质量的提升不足。因此，在“9+3”计划评估标准选择上，本书更倾向于对事实标准进行着重探讨，强调对政策实施的现实绩效进行评估，并且不再对价值标准做过多探讨。

在事实标准选择方面，由效率标准、效益标准、效果标准组成的教育政策评估标准体系得到了广泛的理论探讨和实践应用（张雷，2014）。效率标准可看成经济标准，而效益标准可看成社会标准，效果标准可看成作业标准（胡宁生，2007）。效率标准通常用于反映政策投入与政策产出之间的比例关系。对“9+3”计划的政策投入在很大程度上表现为财政资金投入，多用于对参加“9+3”计划的学生进行学费减免、生活补助等。然而，财政资金投入额仅与当期参加“9+3”计划的学生数量相关。在调研过程中，受访者关于政策投入所反映的问题也普遍集中于财政资金投入量不足，并未涉及财政支出效率问题。教育质量概念结构的转变经历了三个阶段，从早期强调客观维度到关注主观维度，之后又趋向于结合主观与客观两个维度，形成涵盖学校教育、影响因素和利益相关者满意度三个层次的综合结构（苏启敏，2020）。因此，本书将选择效益标准和效果标准，分别从客观维度和主观维度构建“9+3”计划评估标准体系。其中，效益标准关注的是利益相关者对“9+3”计划的主观评价；效果标准关注的是“9+3”计划的执行结果与预期目标之间的对比，其好坏不取决于评估者的主观评判，而是基于“9+3”计划目标本身的设置。

3.2.2 “9+3”计划的绩效评估维度

3.2.2.1 效果标准：就业能力

“9+3”计划的政策目标之一是实现“职教一人，就业一人，脱贫一户”，即让学生通过接受职业教育提高劳动力素质，毕业后找到一份好的工作，进而带动全家人摆脱贫困。基于就业视域选择“9+3”计划的绩效评估维度，符合效果标准关于政策执行效果与预期目标之间对比的要求。就业质量是衡量找到一份好的工作的重要指标。根据就业质量的水平高低，就业可以划分为高质量就业和低质量就业。要实现“9+3”计划的政策目标，意味着参加计划的学生要实现高质量就业。施罗德（Schroeder，2007）定义了什么是高质量就业，即个人在其认为具有挑战性和满意感的工作的综合环境中获得谋生所需工资的能力。由于就业质量是一个多维度综合性指标，难以通过收入水平进行单独衡量，部分学者还进一步构建了就业质量指标体系。例如，钟云华等（2020）从价值、层次与时间三个维度对就业质量的内涵进行了再审视，并构建了包含就业机会、工作特征、待遇水平和主观认同四个一级指标，就业地区和单位类型等九个二级指标在内的大学毕业生就业质量测量指标体系。曾湘泉和王辉（2018）构建了包括个人效用层次、教育培养层次和岗位因素三大层次的中职毕业生的就业质量指标体系。其中，个人效用层次分为经济性因素、社会性因素、压力性因素和内容性因素。

“9+3”计划毕业生的就业去向主要包括国有企业、非国有企业和机关事业单位，也有参军入伍、自主创业以及高职单招升学等。然而，在调研过程中，部分受访者提出了对“9+3”计划毕业生的定向招录（聘）政策的质疑。例如，阿坝州乡镇事业单位人员中，“9+3”计划毕业生达1 363人，占总数的12.97%，有些县（市）的这一比例甚至超过50%。将大量优质工作岗位单列出来进行定向招录（聘），虽然有效提升了“9+3”计划毕业生的就业质量，但在一定程度上破坏了当地劳动力市场的公平性。相较于部分毕业于高等院校的应聘者，“9+3”计划毕业生存在学历层次不高、工作能力不强的问题，在某种程度上导致“劣币驱逐良币”的现象发生，不利于基层干部队伍结构的优化。此外，面向社会就业的毕业生虽然初次就业率高，但工作后短期内便主动离职的现象频发。调查显示，有55.1%的“9+3”计划毕业生更换过工作，其中8.7%的毕业生更换了两次及两次以上（郑涛等，2018）。可以看出，若以就业质量作为“9+3”计划效果标准的评估维度，可能会导致“9+3”计划的政策绩效被高估。

相较于找到一份好的工作，本书更倾向于关注提高劳动力素质这一环节，选择就业能力作为效果标准的评估维度。具体而言，“职教一人，就业一人，脱贫一户”这一预期目标具有长期性特征。针对就业质量的绩效评估，虽然能够有效反映“9+3”计划毕业生在当期的就业情况，但难以对其未来的职业生涯发展情况进行全面反映。特别是在经济下行阶段，劳动力市场的平衡性、充分性和稳定性更加复杂已成为经济社会发展中的典型化事实（赖德胜和石丹，2018）。如何确保包括应届毕业生在内的适龄劳动力实现充分就业已成为各国政府共同面临的难题，而提高就业能力被认为是应对这一难题的有效途径（王新俊和孙百才，2018）。伴随知识经济时代的到来和经济全球化进程的加快，就业能力成为近十年来大量出版物和政府、企业政策中频繁出现的核心词汇（杨伟国等，2012）。目前，就业能力已成为衡量包括职业教育等在内的各阶段人才培养质量的重要指标（Storen & Aamodt，2010；Donald et al.，2017）。

就业能力是一种关键的个人资源，能够帮助人们以更强的信心面对不断变化的劳动力市场（Di Fabio & Kenny，2015）。毕业生不能指望一辈子都有一份稳定的工作，因此他们必须能够对就业机会作出反应（Yorke & Harvey，2005）。特别是20世纪后期以来，雇主和雇员之间不再有长期的忠诚和承诺的纽带（Baruch，2004）。这种新的雇佣关系类似于一种契约式的经济交流（Tsui & Wu，2005）。终身工作的概念已经被雇主的期望所取代，即雇员将对他们自己的职业生涯负责（Hillage & Pollard，1998）。这种变化趋势是由于雇主没有承诺或认为有责任为他们的员工提供稳定的工作。同时，国家、组织和个人的繁荣取决于个人采取主动的能力，不断更新和提高他们的知识与技能，并具有灵活性和适应性（Chertkovskaya et al.，2013）。因此，相较于当期的稳定就业，个体更需要获得充分的就业能力（Baruch，2001；Baruch，2004）。就业能力虽然不等同于真实就业，但能够准确地预测个人获取工作机会的可能性（Fugate et al.，2004），有助于个人职业生涯取得更好的结果（Heijde & Van Der Heijden，2006）。就“9+3”计划而言，“授人以鱼，不如授人以渔”是解决学生就业问题的根本途径，而其核心点在于切实培养学生的就业能力。因此，本书将选择就业能力作为效果标准的测量维度。

3.2.2.2 效益标准：学生满意度

效益标准关注的是利益相关者对“9+3”计划的主观评价。从政策内容来看，“9+3”计划通过组织四川省民族地区初中毕业生和未升学的高中毕业生，到成都等地中职学校继续为期3年的中等职业教育。该项政策当时的创新点在于：一是实现了对中等职业教育的免费，二是借助成都等地优质的职业教育资源对四川省民族地区学生进行培养。相较于前者，本书更关注于利益相关者对后者的主观评价。

具体而言，我国免费中等职业教育正在逐步推行，截至2016年3月底，覆盖面已达92%①。“9+3”计划虽然早于国家层面提出实现免费中等职业教育，但目前已无法再当成政策创新点看待。同时，利益相关者对该项措施的主观评价主要受补助金额及其预期影响。围绕这一主题开展的政策绩效评估，为持续优化“9+3”计划所能提供的有益信息相对有限。对于第二个政策创新点而言，以人才培养环节为切入点，有效应对民族地区

① 相关内容来源于中国新闻网《教育部：正研究分步实施九年以上免费教育政策》，具体参见：https://www.chinanews.com/m/gn/2016/03-07/7787445.shtml。

职业教育资源相对匮乏的难题，是实现“9+3”计划目标的关键所在。因此，利益相关者对人才培养环节的主观评价，在一定程度上代表了“9+3”计划的实际绩效。此外，“9+3”计划的直接利益相关者包括家长和学生。对于家长而言，他们送子女参加“9+3”计划，不仅不用承担额外的费用，还能在子女毕业后，获得家庭增收动力；对于学生而言，他们通过参加“9+3”计划，能够享受相对优质的职业教育资源，提高自身综合素质、掌握专业技能，进而获取更多的就业机会。相较于家长，学生才是人才培养环节的直接参与者，相应的主观评价更加准确。因此，本书将重点关注学生对人才培养环节的主观评价。

在测度维度选择方面，本书选择学生满意度作为效益标准的测量维度。党的十九大报告围绕“优先发展教育事业”进行了全面部署，明确指出：“建设教育强国是中华民族伟大复兴的基础工程，必须把教育事业放在优先位置，深化教育改革，加快教育现代化，办好人民满意的教育。”坚持把兴办教育的落脚点放在“人民满意”和“人民中心”的基点上，这既是党的宗旨的体现，也是党的人民立场的根本原则（刘书林，2018）。同时，以学生满意度为核心的教育质量评估工具在全球范围内已得到广泛应用。例如，学生满意度调查在美国已被看成促进和改善校生关系、提高学校教育质量的主要手段，能够帮助学校更好地履行组织使命（韩玉志，2006）。我国对学生满意度的研究始于20世纪末（孙琳，2011），部分学者围绕中等职业教育阶段的学生满意度展开了探索性研究，为优化我国职业教育发展提供了有益的政策建议（何婧等，2017；孙诚等，2018；王纾和孔令军，2021）。此外，学生满意度能够有效应对辍学问题，并显著提升学生向他人推荐的概率（Schreiner & Nelson，2013）。这有效对应了当前“9+3”计划面临的生源问题。因此，以学生满意度作为效益标准的测度维度，不仅有效回应了“办好人民满意的教育”这一根本要求，还能够为持续优化“9+3”计划提供有益的信息参考。

3.3 就业能力的评估方法

3.3.1 就业能力的概念界定

就业能力这一概念的初期发展起源于20世纪初的英国。当时大量行业存在劳动力短缺的问题，引入就业能力概念的目的在于识别可就业的劳动力，进而帮助他们进入劳动力市场，其主导思想是实现终身就业（杨伟国等，2012）。一个多世纪以来，就业能力一直都是各国学者关注的焦点。迦齐埃（Gazier，2001）通过回顾就业能力的研究演进历程，确定了七个不同版本的就业能力。其中，第一个版本是在20世纪初崛起的，将就业能力称为二分就业能力（dichotomic employability），即把能够和愿意工作的个人与那些不能工作和需要救济的人区分开来。第二个版本到第七个版本分别包括社会-医疗就业能力（social-medical employability）、劳动力政策就业能力（manpower policy employability）、流动就业能力（flow employability）、劳动力市场绩效就业能力（labour market performance employability）、主动就业能力（initiative employability）和互动就业能力（interactive employability）。就目前来看，就业能力是一个内涵丰富的概念，并且其概念定义仍在被不断丰富和发展。虽然我们能对就业能力这一概念做一个简单的字典定义，但还未形成一个公认的定义（Small et al.，2018）。表3-2显示了部分学者对就业能力的概念定义。总体来说，就业能力不仅包括就业所需的个人能力和特质，还包括建立良好的职业生涯、有意义地参与社会生活所需的个人能力和特质。同时，就业能力还受外部因素，如劳动力市场、社会资本等因素的制约（王新俊和孙百才，2018）。

表 3-2　部分学者对就业能力的概念定义

学者	概念定义
希拉吉和波拉德（Hillage & Pollard，1998）	个体在劳动力市场自给自足的能力，通过可持续就业实现自己的潜力，取决于他们的知识、技能和态度以及向雇主展示能力的方式
布朗（Brown，2013）	找到和维持不同类型工作的相对机会
桑德斯·德·格瑞普（Sanders De Grip，2004）	通过预测任务和工作环境的变化并积极地对这些变化作出反应，在劳动力市场上保持吸引力的能力和意愿
达克雷·普尔和休厄尔（Dacre Pool & Sewell，2007）	拥有一套技能、知识、理解和个人属性，使个人更有可能选择稳定的职业，并可以感到满意和成功
霍根（Hogan，2013）	获得和保留就业机会的能力（包括在需要时找到新工作的能力）
奥利弗（Oliver，2015）	能够辨别、获得、适应和不断提高自己的技能、理解力、个人特质，从而使自己找到或创造有利于个人、劳动力市场、社区和社会经济的有酬与无酬工作

3.3.2　就业能力的已有评估工具

随着就业能力这一概念定义的动态演变，大量学者对就业能力的要素结构也进行了有益的探索，并开发出了不同的就业能力评估工具。本书整理了部分得到广泛引用的评估工具。

第一，就业能力取向量表（employability orientation scale）。该量表是根据范·达姆（Van Dam，2004）提出的就业能力取向结构开发而来的，即员工对组织发展和维持员工可雇佣性采取的干预措施所持的评价。该量表仅有一个维度，由 7 个条目组成。例如，“如果组织需要我执行不同的任务，我准备改变我的工作活动”“我发现不断提升自己的能力很重要，这样我就能在组织内执行不同的工作”“相较于组织机构的变动，我更愿意留在现在的部门和同事们在一起”。

第二，学生自我感知就业能力量表（self-perceived employability scale for students）。该量表是根据罗斯维尔和阿诺德（Rothwell & Arnold，2007）对就业能力的概念定义开发而来的，把就业能力看成一种感知能力，能够在符合个人的资格水平的情况下实现适当的、可持续的就业。该量表仅有一个维度，由 16 个条目组成。例如，“我在这个公司有很好的前途，因为我的雇主重视我个人的贡献”“即使公司裁员，我也有信心被保留下来”“我能够察觉到在这个组织中出现的机会，即使它们与我现在所做的事情不同”。

第三，基于胜任力的就业能力量表（competence-based scale of employability）。该量表是根据海吉德和范·德·海吉德（Heijde & Van Der Heijden，2006）对就业能力的概念定义开发而来的，将就业能力分为 5 个维度，即职业专业知识、预期和优化、个人灵活性、企业意义、平衡，共包括 47 个条目。其中，职业专业知识维度包括“我认为自己有能力在我的工作领域进行深入、专业的讨论”等 15 个条目；预期和优化维度包括“我有责任维护我的劳动力市场价值”等 8 个条目；个人灵活性维度包括“你认为自己适应工作环境变化的能力如何”等 8 个条目；企业意义维度包括“我积极参与完成公司（部门）的使命”等 7 个条目；平衡维度包括“我的工作和生活是平衡的”等 9 个条目。

第四，就业能力的外在测度（dispositional measure of employability）。

该量表是根据富盖特（Fugate et al.，2004）对就业能力的概念定义开发而来的，认为就业能力是一个多维的社会心理概念，包含对工作变化的评价、工作和职业适应性、职业动机、工作和职业主动性、工作身份5个维度，共包含25个条目（Fugate & Kinicki，2008）。其中，对工作变化的评价维度包括“我觉得工作中的变化通常都有积极的影响”等5个条目；工作和职业适应性维度包括“我对我未来的职业机会很乐观”等8个条目；职业动机维度包括“我参加过有助于我实现职业目标的培训或教育”等3个条目；工作和职业主动性维度包括“我随时了解公司的发展情况”等3个条目；工作身份维度包括“我通过我所做的工作来定义自己”等6个条目。

第五，理工科大学生就业能力量表。该量表是由马永霞和梁金辉（2016）基于构建的知识技能、胜任力、自我管理能力、职业规划能力、领导力和社会适应能力的理工科大学生就业能力六因素评价模型开发而来的，共包含6个维度、27个条目。其中，知识技能维度包括“计算机能力”等5个条目；胜任力维度包括“信息分析加工能力”等5个条目；自我管理能力维度包括“情绪的自我认知”等5个条目；职业规划能力维度包括“了解自我性格兴趣”等4个条目；领导力维度包括“决策和组织能力”等5个条目；社会适应能力维度包括“沟通能力”等3个条目。

此外，还有学者提出了就业能力的理论模型。例如，约克和奈特（Yorke & Knight，2002）提出的USEM模型是针对学校课程设置的需要，从心理学和能力结构的视角提出的就业能力模型（见图3-1）。USEM模型包含四个要素，学科理解力（subject understanding）、技能（skills）、自我效能（efficacy beliefs）、元认知（meta-cognition）。部分国内学者结合我国实际情况，对 USEM 模型的内涵进行了本土化解读。例如，史秋衡和王芳（2018）将四个要素分别解读为：学科理解力是指学生掌握的专业、工作相关的知识与技能；技能是指学生在读期间获得的有利于工作的综合技能；自我效能是指学生充分了解和认识自我的意识与效能；元认知是指学生通过接受教育逐步深化审视自我和自我认识的认知过程。基于 USEM 模型，部分学者对就业能力量表进行了探索性设计与构建（Bennett & Ananthram，2021）。

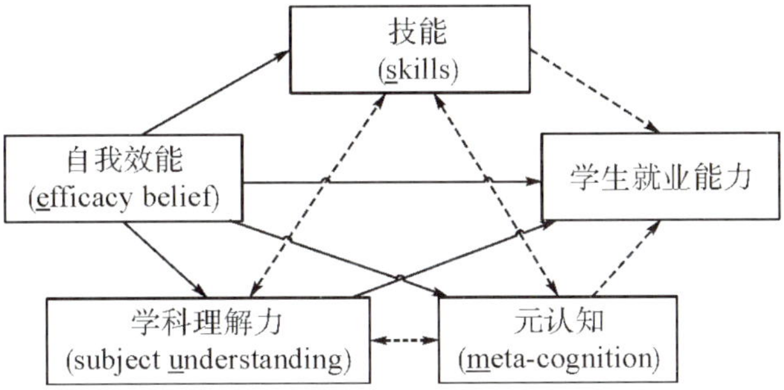

图 3-1 约克和奈特（Yorke & Knight，2002）的 USEM 模型

3.3.3 就业能力的测度方法设计

考虑到“9+3”计划的目标具有长期性，本书将就业能力定义为在个体整个职业生涯中获得和维持有意义工作的能力，并借鉴基于胜任力的就业能力量表，对“9+3”计划学生的就业能力量表进行开发。具体而言，本书仅保留职业专业知识（occupational expertise）、预期和优化（anticipation and optimization）两个维度。考虑到“9+3”计划学生仍未正式参加工作，尚不具备具体的工作经历，因此本书未将企业意义

（corporate sense）和平衡（balance）维度纳入新的量表。相关条目参考了海吉德和范·德·海吉德（Heijde & Van Der Heijden，2006）设计的就业能力量表，并结合“9+3”计划学生的实际情况进行了调整，最终形成了由12个条目组成的“9+3”计划学生就业能力初始调查问卷。在此基础上，笔者邀请有经验和了解研究问题的相关人员，包括6名教育部门负责人和10名职业学校教师，共同对初始问卷进行评定，就问卷内容与“9+3”计划学生就业实际情况的符合程度进行评定，并请他们对每个问题的清晰度、可读性和相关性进行检查。之后，笔者又邀请熟悉本领域的专家学者对项目的适当性和问卷的科学性进行评定。笔者合并了个别意思重复的条目，得到由8个条目组成的预试问卷，即“9+3”计划学生就业能力量表（见表3-3）。

表3-3　“9+3”计划学生就业能力量表

特征因子	问卷条目
职业专业知识	我有能力在自己的工作领域与专家进行深入讨论
	我有能力以可理解的方式为他人提供有关我的工作的信息
	我有能力为同学（同事）在面临工作方法问题时提供实际帮助
	我有能力区分主要问题和次要问题，并确定优先事项
预期和优化	我会主动花时间提高对未来职业发展有益的知识和技能
	我在制定职业生涯规划时有考虑劳动力市场未来的变化
	我能发现自己的不足，并想办法去改进
	我会有意识地运用自己新获得的知识和技能

3.4 学生满意度的评估方法

3.4.1 学生满意度的概念界定

顾客满意度是商业营销实践中的一个关键概念（Yi，1990）。虽然关于顾客满意度这一概念的定义种类繁多，但引用最广泛的定义是由奥利弗（Oliver，1980）基于期望失验模型（expectancy disconfirmation model）提出的。奥利弗认为，顾客对产品或服务的满意度是他们的期望和质量感知之间主观比较的结果。已有大量实证研究发现，关注顾客满意度对提高组织的市场份额和盈利能力（Anderson et al.，1994）、建立客户忠诚度（Hallowell，1996）、加强品牌建设（Pappu & Quester，2006）等方面具有显著的积极作用。20 世纪 90 年代以来，为提高本国企业的竞争力，许多国家相继启动全国性顾客满意度指数测评工作（刘新燕等，2003）。例如，瑞典率先于 1989 年建立了全国性的顾客满意度指数，即瑞典顾客满意度晴雨表指数（SCSB）。在国家相关部门的积极推动下，我国也于 1999 年启动了顾客满意度指数的测评工作（刘新燕等，2003）。

为了解学校是否有效地向学生（主要客户）提供教育服务，学生满意度作为评价教育机构整体绩效的重要指标，已被广泛应用于教育相关领域的研究中（例如，Yilmaz，2017；Khoo et al.，2017；Alqurashi，2019）。在多数关于学生满意度的概念定义中，学生被视为教育服务消费者，学校被视为教育服务提供者，而满意度被假设是一个认知过程。埃利奥特和西恩（Elliott & Shin，2002）关学生满意度的定义受到了广泛认同。他们将学生满意度定义为学生对与教育相关的各种结果和经历的主观评价。在商业营销研究中，顾客满意度被视为一个多维度的复杂概念。这一观点被延伸到学生满意度的研究中，导致教育服务被视为学生在学校所经历的各种服务（Gruber et al.，2010）。然而，就学生满意度的具体内部结构而言，现有研究虽然作出了大量有益的探讨，但仍未达成有效共识。例如，威尔斯-詹森等（Wiers-Jenssen et al.，2002）认为，学生满意度应包括教学质量、监督质量、课程内容和相关性、教学和自学之间的平衡、教学设备质量和基础设施质量等维度。埃利奥特和希利（Elliott & Healy，2001）认为，学生满意度应包括校园环境、校园生活、校园支持服务、对个人的关注、教学有效性、校园安全等维度。

3.4.2 学生满意度的已有评估工具

随着学生满意度概念定义的动态演变，大量学者对学生满意度的要素结构也进行了有益的探索，并开发出了不同的学生满意度评估工具。本书整理了部分受到广泛引用的评估工具。

第一，基于 SERVQUAL 的学生满意度量表（student satisfaction scale based on SERVQUAL）。该量表是由被广泛应用于医疗服务、金融服务等领域满意度研究的 SERVQUAL 模型开发而来的，包括有形设施（tangibles）、可靠性（reliability）、响应性（responsiveness）、保障性（assurance）、情感投入（empathy）5 个维度。不同学者基于 SERVQUAL 模型所构建的学生满意度量表在具体的维度选择和条目设计上存在一定的差异。例如，受到广泛引用的勒布朗克和纽因（Leblanc & Nguyen，1997）所构建的量表包括教师、声誉、环境设施、行政管理人员、课程、响应性、设施可及性 7 个维度。其中，教师维度包括“教授的形象”等 6 个条目，声誉维度包括

“学校是有创新的”等5个条目，环境设施维度包括“教室内的照明设备”等6个条目，行政管理人员维度包括“解决问题的能力”等5个条目，课程维度包括“课程数量”等3个条目，回应性维度包括“记录保存准确”等3个条目，设施可及性维度包括“电脑设施使用便利度”等3个条目。

第二，学生满意度指数模型（student satisfaction index model）。该模型是由图尔伊尔马兹等（Turkyilmaz et al.，2018）借鉴欧洲客户满意度指数（European customer satisfaction index）模型的结构，基于贝叶斯神经网络的通用结构建模方法开发而来的，包括学校声誉、学生期望、感知质量、感知价值、学生满意度、学生忠诚度6个维度。其中，学校声誉维度包括“高校在教育服务领域的创新性”等4个条目，学生期望维度包括“对该大学的教育质量期望”等4个条目，感知质量维度包括“管理质量和管理卓越”等4个条目，感知价值维度包括“对已支付价格的质量进行感知”等2个条目，学生满意度维度包括“对这所大学的总体满意度水平”等3个条目，学生忠诚度维度包括“如果可能的话，你会再选择这所大学吗”等3个条目。

第三，巴基斯坦大学生满意度量表。该量表是由史秋衡和古尔扎·阿里·沙阿布哈里（2015）运用厦门大学史秋衡主持的国家大学生学习情况调查（national college student survey）学习满意度问卷修订而来的。问卷主要涉及教学、师生关系、校园设施、资源与服务等方面。修订后的英文大学生学习满意度问卷包含教师指导满意度、咨询服务满意度、教师教学满意度、校园支持满意度、管理服务满意度、图书馆满意度、课程与要求满意度、教室条件满意度、住宿情况满意度、交通与安全满意度以及同伴关系满意度 11 个维度，并在此基础上细化为 40 个条目。例如，教师指导满意度维度包括“老师对学生学习的评价标准”“与任课老师的关系”等 6 个条目。

第四，中职学校学生满意度量表。该量表是由孙诚等（2018）运用构建的中职学校学生满意度指数测评模型开发而来的，包括教育期望、质量感知、公平感知和总体满意度 4 个一级指标。该量表针对每个一级指标进一步细化得到总体期望、对本校的期望、个体需求期望、教育理念、校园文化、课程教学、教师素质、学校管理、内外环境、机会公平、过程公平、总体满意度、与期望比较的满意度、教育信心 14 个二级指标，再针对各个二级指标共设计了 38 个条目。例如，教育理念维度包括“学校重视培养学生的良好行为习惯吗”“你觉得你们学校的办学理念落实得怎么样”“学校重视学生德智体美全面发展吗”3 个条目。

3.4.3 学生满意度的测度方法设计

满意度的测量通常是通过对聚合方法（单项）或属性方法（多项）的测量来完成的（Szymanski & Henard，2001）。聚合方法只会评估客户对产品的整体满意度。属性方法尝试首先评估客户对产品的每个属性（维度）的满意度，之后将各个满意度评估汇总为整体满意度评分。研究表明，如果两种方法不具有高度相关性，使用聚合方法代替属性方法可能导致不同的总体满意度指标（Mittal et al.，1998）。对于聚合方法而言，其通常使用一个问题对学生进行提问，如“你会如何评价你对这段教育经历的总体满意度”。学生满意度是一个多维度的复杂概念。虽然这类问题很容易回答和分析，但是学生给出的答案可能无法准确衡量学生主观评价，更难以反映学生认为什么教育属性对他们的整体满意度产生了影响（Elliott & Shin, 2002）。因此，相较于聚合方法，本书更倾向于使用属性方法对“9+3”计划学生的满意度进行测度。

本书沿用埃利奥特和西恩（Elliott & Shin，2002）对学生满意度的定义，将学生满意度定义为学生对与教育相关的各种结果和经历的主观评价。由于满意度属于主观性评价的范畴，新的量表强调反映“9+3”计划学生对求学过程的质量感知评价。关于学生满意度的量表编制，与前文关于就业能力的量表编制思路相似，本书将一系列学生满意度特征作为单一结构进行衡量，并借鉴已被验证的成熟量表，构建适用于“9+3”计划学生就业能力评估的量表初稿。学生满意度评价指标的选择将严格遵循吉文昌（2015）提出的两个原则：一是以人民群众对教育的所思、所想、所盼为确定教育满意度测评内容的出发点，二是以自下而上的方式为确定测评内容的基本方式。

具体而言，本书以孙诚等（2018）构建的中职学校学生满意度量表为基础，结合“9+3”计划的实际发展情况和目标要求，保留了质量感知中的校园文化、课程教学、实训教育、学校管理等因子。同时，本书还加入了关于总体满意度和教育信心的问卷条目，用于反映学生满意度的整体水平。本书对上述因子所包含条目进行整理后，形成了由 20 个条目组成的“9+3”计划学生满意度初始调查问卷。具体问卷的编制与前文关于就业能力量表的问卷编制流程相似，笔者邀请有经验和了解研究问题的相关人员，包括 6 名教育部门负责人和 10 名职业学校教师，共同对初始问卷进行评定，就问卷内容与实际情况的符合程度进行评定，并请他们对每个问题的清晰度、可读性和相关性进行检查。之后，笔者又邀请熟悉本领域的专家学者对项目的适当性和问卷的科学性进行评定。笔者合并了个别意思重复的条目，得到由13个条目组成的预试问卷，即“9+3”计划学生满意度量表（见表3-4）。

表3-4 “9+3”计划学生满意度量表

特征因子	问卷条目
忠诚度	我愿意推荐其他家人、朋友接受中等职业教育
	我愿意推荐其他家人、朋友到所在学校就读
总体满意度	学校的总体满意度评价
	学校的整体表现与理想中的职业学校不存在差距
校园文化	学校重视学生德智体美的全面发展
	学校重视围绕每个学生的特点进行个性化培养
	学校的整体校园风气（包括学习、生活等）
课程教学	学校设置的课程数量和种类
	学校的课程质量（课程难易程度）
	任课老师的专业技术知识和能力
实训教育	学校在考取职业技能证书方面提供的帮助
	学校提供的社会实践、实习实训机会
学校管理	你与辅导员（班主任）的沟通交流顺畅

4　“9+3”计划的绩效评估结果

4.1　研究区域及抽样方案设计

本书使用的主要分析数据来自由教育部人文社科青年基金资助项目（编号：20YJC790067）支持的“四川省中职学生学情调查研究”。2021年5月，项目组以四川省成都平原经济区的成都市、川东经济区的自贡市和攀西经济区的攀枝花市作为样本城市，分别从样本城市中抽取2所中职学校开展实地调研。根据教育部印发的《中职学校专业目录（2010年修订）》，结合样本学校的专业特点和学生规模，项目组分别在每所学校选择2~3个专业大类，并在每个专业大类中抽取3~5个班级作为样本班级，邀请样本班级的所有学生参与纸质问卷调查。需要指出的是，项目组优先抽取“9+3”计划学生所在班级作为样本班级。问卷内容包括个人基本信息、在校学习、身心健康、与老师/同学关系、学校评价、家庭经济社会地位等情况。该次调查共发放和收回问卷1 640份，在剔除答案全部一样的问卷后，最终得到有效问卷1 614份，涵盖财经商贸类、文化艺术类、教育类、加工制造类、信息技术类、土木水利类、旅游服务类、公共管理与服务类 8 个专业大类的 24 个班级，问卷有效率为 98.4%。其中，“9+3”计划的有效学生样本共计 465 个。

4.2 个体特征描述性统计

为准确刻画“9+3”计划样本学生的基本情况，本书从学生父母受教育程度、父母职业、家庭年收入情况等方面进行描述性统计分析。此外，为进一步了解“9+3”计划学生毕业后的就业打算，本书还从毕业后的就业地点、行业选择等方面进行描述性统计分析。

就父母受教育程度而言，如表 4-1 所示，“9+3”计划学生的父母受教育程度普遍偏低，多数处于初中、小学及以下水平。其中，受教育程度处于小学及以下、初中、中专/技校/职业高中/高中、大学专科、大学本科及以上的学生母亲占比分别为 68.82%、23.23%、6.02%、1.08% 和 0.86%，学生父亲占比分别为 53.55%、34.41%、8.17%、2.80% 和 1.08%。学生父亲的平均受教育年限略高于学生母亲，但从类别分布来看，造成这一差距的主要原因是学生父亲接受完初中教育的占比更高。

表 4-1　“9+3”计划学生父母受教育程度分布特征

题项	类别	样本量	比例/%	题项	类别	样本量	比例/%
学生母亲受教育程度	小学及以下	320	68.82	学生父亲受教育程度	小学及以下	249	53.55
	初中	108	23.23		初中	160	34.41
	中专/技校/职业高中/高中	28	6.02		中专/技校/职业高中/高中	38	8.17
	大学专科	5	1.08		大学专科	13	2.80
	大学本科及以上	4	0.86		大学本科及以上	5	1.08

注：本书对计算结果进行了四舍五入（保留两位小数），因此可能会导致相关比例加总不等于 100%的问题，下同。

就父母职业分布而言，如表4-2所示，多数“9+3”计划学生父母仍以农牧业生产经营为主，其他类别职业中个体户和无业/失业/下岗的占比也相对较高。其中，职业为国家机关事业单位工作人员、教师/工程师/医生/律师、农牧民、生产与制造业/商业与服务业职工、个体户和无业/失业/下岗的学生母亲占比分别为2.15%、2.37%、73.55%、4.95%、8.39%和8.60%，学生父亲占比分别为3.01%、3.23%、72.04%、4.73%、9.68%和7.31%。进一步地，本书通过对“9+3”计划学生家庭年收入的调查分析发现，多数学生家庭年收入不足5万元。其中，3万元以下的占59.78%，3万~5万元的占26.88%。上述结果说明“9+3”计划的确能够有效惠及以农牧业生产经营为主的低收入家庭。

表4-2 “9+3”计划学生父母职业分布特征

题项	类别	样本量	比例/%	题项	类别	样本量	比例/%
学生母亲职业	国家机关事业单位工作人员	10	2.15	学生父亲职业	国家机关事业单位工作人员	14	3.01
	教师/工程师/医生/律师	11	2.37		教师/工程师/医生/律师	15	3.23
	农牧民	342	73.55		农牧民	335	72.04
	生产与制造业/商业与服务业职工	23	4.95		生产与制造业/商业与服务业职工	22	4.73
	个体户	39	8.39		个体户	45	9.68
	无业/失业/下岗	40	8.60		无业/失业/下岗	34	7.31

4.3 就业能力维度下“9+3”计划的绩效评估

职业专业知识可以衡量学生应对当期职业专业问题的就业能力。本书选择“我有能力在自己的工作领域与专家进行深入讨论”“我有能力以可理解的方式为他人提供有关我的工作的信息”“我有能力为同学（同事）在面临工作方法问题时提供实际帮助”“我有能力区分主要问题和次要问题，并确定优先事项”作为评价职业专业知识的具体选项，分别命名为职业专业知识Ⅰ、职业专业知识Ⅱ、职业专业知识Ⅲ和职业专业知识Ⅳ。根据表4-4，职业专业知识对应的四个评价选项之间具有显著的正向相关性，表明职业专业知识的评价选项构建具有较强的科学性和合理性。

表4-4 “9+3”计划学生对职业专业知识的评价得分相关性

项目	职业专业知识Ⅰ	职业专业知识Ⅱ	职业专业知识Ⅲ	职业专业知识Ⅳ
职业专业知识Ⅰ	1.00	—	—	—
职业专业知识Ⅱ	0.567**	1.00	—	—
职业专业知识Ⅲ	0.597**	0.536**	1.00	—
职业专业知识Ⅳ	0.530**	0.600**	0.600**	1.00

注：** 表示在0.01水平上显著。

上述职业专业知识对应的得分均值分别为2.763、2.908、3.028和3.004，整体的评价反馈情况较为积极。具体而言，如图4-1所示，53.76%和32.26%的学生对“我有能力在自己的工作领域与专家进行深入讨论”的自我评价分别为认同和非常认同，54.63%和24.30%的学生对“我有能力以可理解的方式为他人提供有关我的工作的信息”的自我评价分别为认同和非常认同，49.67%和36.56%的学生对“我有能力为同学（同事）在面临工作方法问题时提供实际帮助”的自我评价分别为满意和非常满意，48.17%和37.85%的学生对"我有能力区分主要问题和次要问题，并确定优先事项"的自我评价分别为认同和非常认同。上述结果表明，"9+3"计划培养的学生在职业专业知识方面的整体表现较好。然而，仍有部分学生对自身的职业专业知识评价不够理想。例如，在"我有能力以可理解的方式为他人提供有关我的工作的信息"评价选项中，分别有16.34%和4.73%的学生分别选择了不认同和非常不认同。

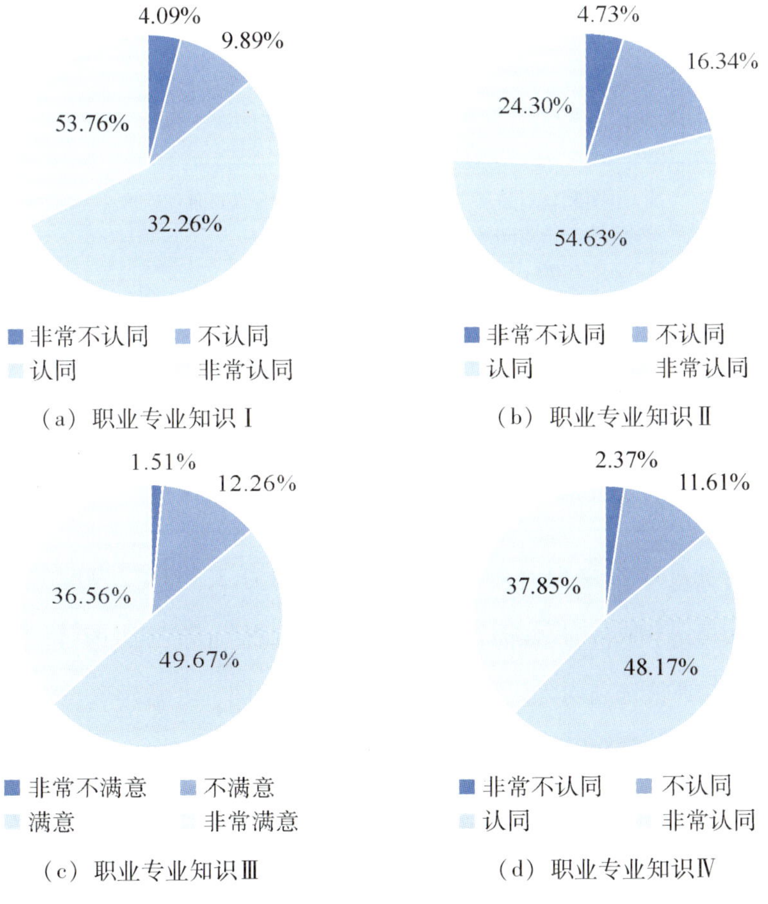

图4-1 "9+3"计划学生对职业专业知识的评价选项分布

预期和优化可以衡量学生应对未来职业专业问题的就业能力。本书选择“我会主动花时间提高对未来职业发展有益的知识和技能”“我在制定职业生涯规划时有考虑劳动力市场未来的变化”“我能发现自己的不足，并想办法去改进”“我会有意识地运用自己新获得的知识和技能”作为评价预期和优化的具体选项，分别命名为预期和优化Ⅰ、预期和优化Ⅱ、预期和优化Ⅲ和预期和优化Ⅳ。根据表4-5，预期和优化对应的四个评价选项之间具有显著的正向相关性，表明预期和优化的评价选项构建具有较强的科学性和合理性。

表4-5　“9+3”计划学生对预期和优化的评价得分相关性

项目	预期和优化Ⅰ	预期和优化Ⅱ	预期和优化Ⅲ	预期和优化Ⅳ
预期和优化Ⅰ	1.00	—	—	—
预期和优化Ⅱ	0.523**	1.00	—	—
预期和优化Ⅲ	0.540**	0.473**	1.00	—
预期和优化Ⅳ	0.523**	0.467**	0.538**	1.00

注：** 表示在0.01水平上显著。

上述预期和优化对应的得分均值分别为3.142、2.985、3.213和3.215，多数学生的评价选项均为认同（满意）和非常认同（非常满意）。具体而言，如图4-2所示，48.39%和16.99%的学生对“我会主动花时间提高对未来职业发展有益的知识和技能”的自我评价分别为认同和非常认同，55.92%和19.78%的学生对“我在制定职业生涯规划时有考虑劳动力市场未来的变化”

的自我评价分别为认同和非常认同，56.35%和25.16%的学生对“我能发现自己的不足，并想办法去改进”的自我评价分别为满意和非常满意，56.34%和24.09%的学生对“我会有意识地运用自己新获得的知识和技能”的自我评价分别为认同和非常认同。上述结果表明，“9+3”计划培养的学生在预期和优化方面的整体表现较好，具备主动应对未来职业专业发展挑战的意识。

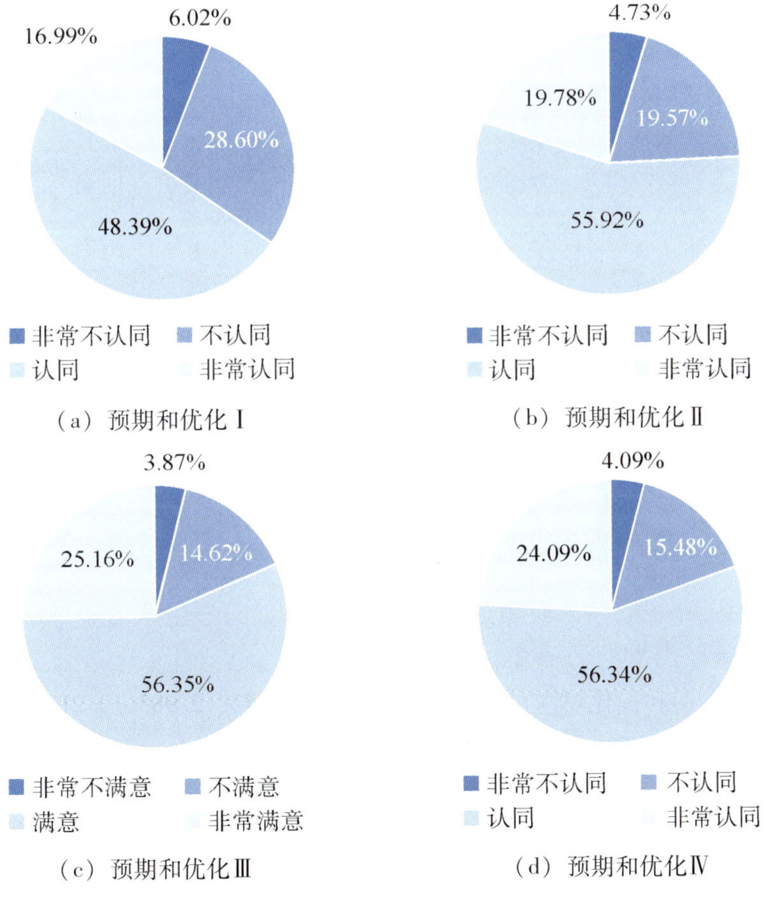

图4-2 “9+3”计划学生对预期和优化的评价选项分布

相较于其他评价选项，学生对“我会主动花时间提高对未来职业发展有益的知识和技能”的自我评价相对较差，分别有28.60%和6.02%的学生选择了不认同和非常不认同，需要进行有针对性的加强。

4.4　学生满意度维度下“9+3”计划的绩效评估

学校是“9+3”计划的执行主体之一，学生对学校的满意度评价在一定程度上等同于对“9+3”计划的满意度评价。本书选择“学校的总体满意度评价”和“学校的整体表现与理想中的职业学校不存在差距”作为评价满意度的具体选项，分别命名为满意度Ⅰ和满意度Ⅱ。前者能够直接反映学生对其所在学校的总体满意度评价；后者衡量了学生对其所在学校的实际感官与预期之间的差距，与学生满意度的概念界定更加相符，也能够用于反映学生对学校的总体满意度评价。如图4-4所示，有61.50%的学生对其所在学校持满意或非常满意的态度，但仍有38.50%的学生对此持消极态度。特别地，与理想中的职业学校相比较而言，学生对学校教育的满意度评价水平呈现明显的下降，仅有44.30%的学生认同学校的整体表现与理想不存在差距，而超过半数（55.70%）的学生认为整体表现差距是存在的。这表明，学校在完成“9+3”计划人才培养工作中取得了一定的成效，但就学生满意度这一评价维度而言，仍有较大的进步空间。

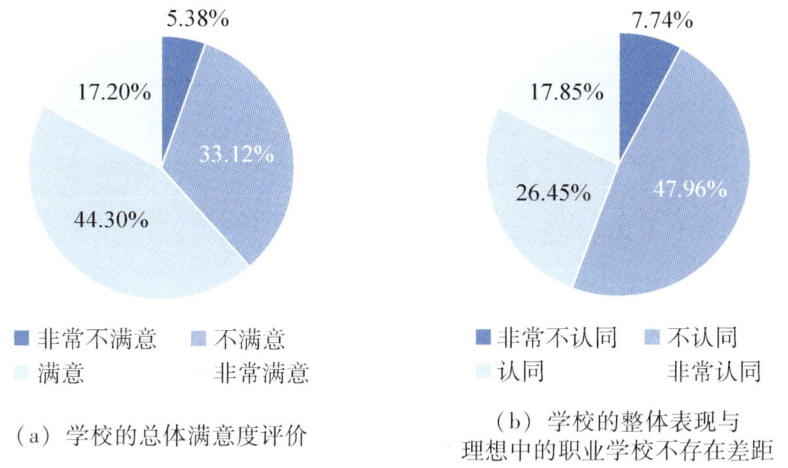

图 4-4 “9+3”计划学生对满意度的评价选项分布

学生忠诚度通常被定义为推荐自己的家人和朋友进入同一所学校就读的意愿以及在未来返回继续学习的意愿（Webb & Jagun，1997）。本书选择“我愿意推荐其他家人、朋友接受中等职业教育”和“我愿意推荐其他家人、朋友到所在学校就读”作为评价忠诚度的具体选项，分别命名为忠诚度 I 和忠诚度 II。如图 4-5 所示，有 59. 14%的学生愿意或非常愿意推荐其他家人、朋友接受中等职业教育，有 63. 44%的学生愿意或非常愿意推荐其他家人、朋友到所在学校就读。需要指出的是，虽然这两个评价选项中持积极态度的学生占比已超过半数，但由于忠诚度关系到“9+3”计划招生工作的持续性，仍有 40%左右的学生对此持消极态度。其中，有 36. 56%的学生不愿意或非常不愿意推荐其所在学校，而不愿意或非常不愿意推荐中等职业教育的学生占比更高，达到 40. 86%。这与“9+3”计划当前面临的招生难困境相符合，需要引起重点关注。

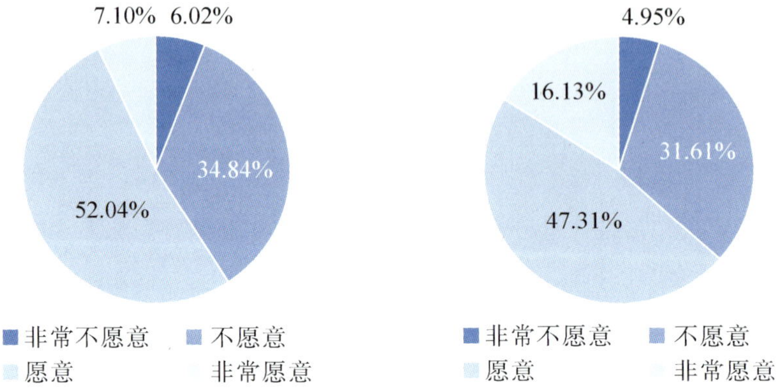

（a）忠诚度 I　　（b）忠诚度 II

图 4-5　“9+3”计划学生对忠诚度的评价选项分布

校园文化建设是中职学校办学的重点任务之一。本书选择“学校重视学生德智体美的全面发展”“学校重视围绕每个学生的特点进行个性化培养”“学校的整体校园风气（包括学习、生活等）”作为评价校园文化的具体选项，分别命名为校园文化 I、校园文化 II 和校园文化 III。根据相关性检验，用于衡量校园文化的三个选项之间具有显著的正向关系，表明校园文化的评价选项构建具有较强的科学性和合理性。在具体的学生评价中，根据图 4-6，学校在校园文化建设中的整体表现较好。有 54.41%和 27.74%的学生分别对“学校重视学生德智体美的全面发展”持认同和非常认同的态度，有 47.95%和 26.88%的学生分别对“学校重视围绕每个学生的特点进行个性化培养”持认同和非常认同的态度，有 46.88%和 26.45%的学生分别对“学校的整体校园风气（包括学习、生活等）”持认同和非常认同的态度。

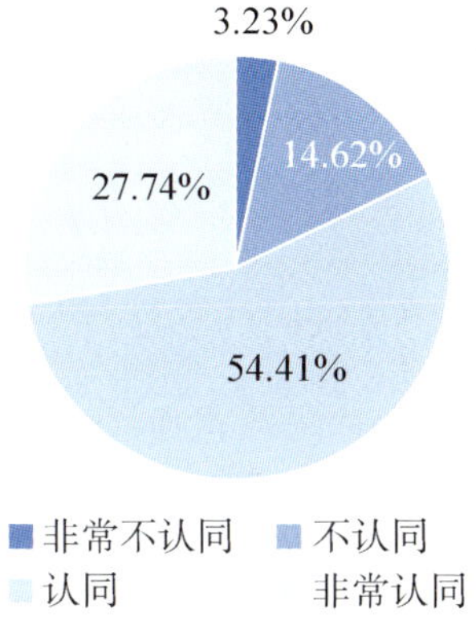

（a）校园文化 I

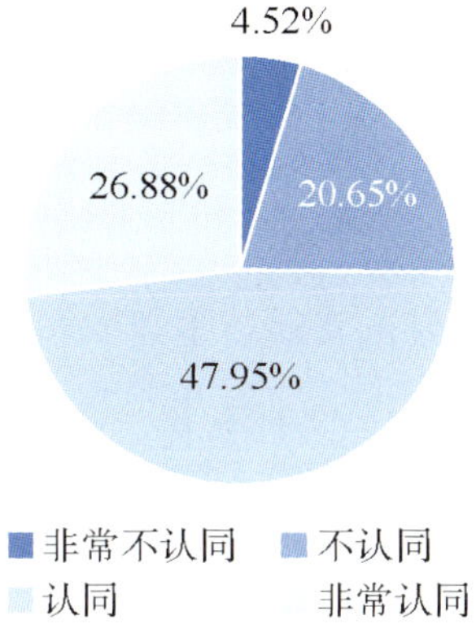

（b）校园文化 II

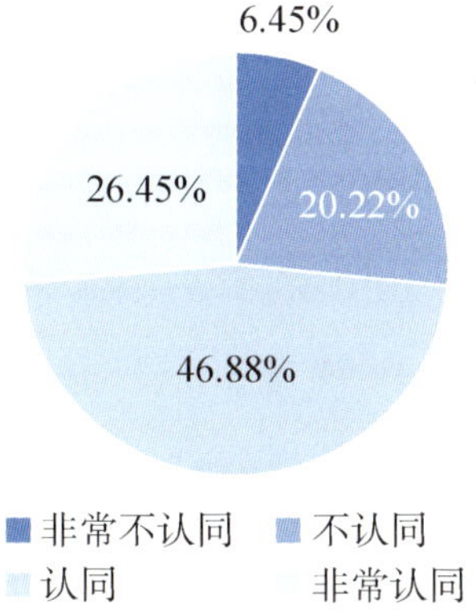

（c）校园文化 III

图 4-6　“9+3”计划学生对校园文化的评价选项分布

课程教学是中职学校进行人才培养的关键环节。本书选择“学校设置的课程数量和种类”“学校的课程质量（课程难易程度）”“任课老师的专业技术知识和能力”作为评价课程教学的具体选项，分别命名为课程教学 I、课程教学 II 和课程教学 III。根据相关性检验，用于衡量课程教学的三个选项之间具有显著的正向关系，表明课程教学的评价选项构建具有较强的科学性和合理性。在具体的学生评价中，根据图 4-7 中，有 55.70%

和 22. 58%的学生分别对“学校设置的课程数量和种类”持认同和非常认同的态度，有 56. 56%和 23. 87%的学生分别对“学校的课程质量（课程难易程度）”持认同和非常认同的态度，有 49. 46%和 33. 98%的学生分别对“任课老师的专业技术知识和能力”持认同和非常认同的态度。可以看出，学生不仅对学校课程体系设计的认可度较高，还对任课老师能力的认可度较高，说明学校在课程教学建设中的整体表现较好。

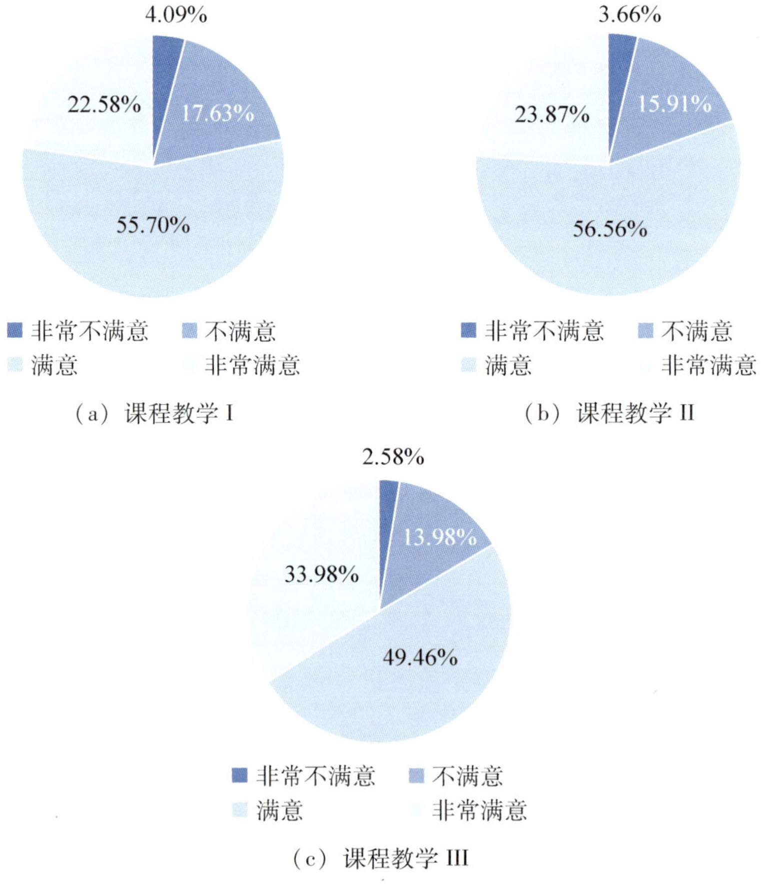

图 4-7 “9+3”计划学生对课程教学的评价选项分布

实训教育是中职学校区别于普通高中的重要育人环节。本书选择"学校在考取职业技能证书方面提供的帮助""学校提供的社会实践、实习实训机会"作为评价实训教育的具体选项，分别命名为实训教育 I 和实训教育 II。根据相关性检验，用于衡量实训教育的两个选项之间具有显著的正向关系，表明实训教育的评价选项构建具有较强的科学性和合理性。在具体的学生评价中，根据图 4-8，有 46.88%和 26.45%的学生分别对"学校在考取职业技能证书方面提供的帮助"持认同和非常认同的态度，有 52.90%和 28.60%的学生分别对"学校提供的社会实践、实习实训机会"持认同和非常认同的态度。可以看出，学生不仅对学校提供的职业技能证书考试帮助的认可度较高，还对学校提供的社会实践、实习实训机会的认可度较高，说明学校在实训教育建设中的整体表现较好。

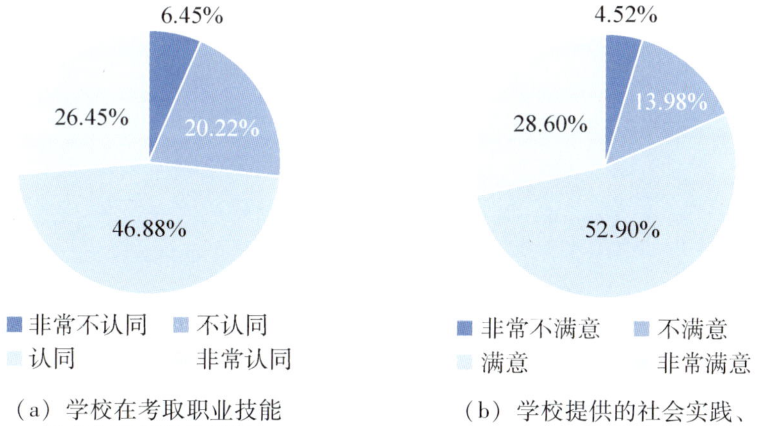

（a）学校在考取职业技能证书方面提供的帮助

（b）学校提供的社会实践、实习实训机会

图 4-8 "9+3"计划学生对实训教育的评价选项分布

"9+3"计划学生离开家乡到外地就学，辅导员（班主任）便是他们生活中的重要依靠。为突出"9+3"计划的特殊性，本书选择"你与辅导员（班主任）的沟通交流顺畅”用于评价学校管理的具体选项。根据图4-9，有51.82%和25.81%的学生对该选项持满意和非常满意的态度，说明大多数学生对辅导员（班主任）的认可度较高。

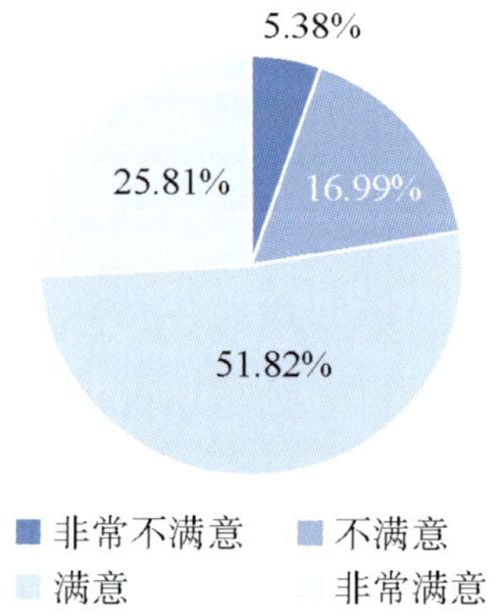

图4-9 “9+3”计划学生对学校管理的评价选项分布

5 “9+3”计划学生满意度的影响因素研究

5.1 文献综述

中等职业教育作为我国教育体系的重要组成部分，曾经占据高中阶段教育招生规模的“半壁江山”。然而，近年来中等职业教育一直处于“地位不稳、招生艰难”的办学状态，而这一状态严重制约了中职学校的发展和现代职业教育体系的建设（徐国庆，2021）。中职学校毕业生在劳动力市场上的收益不断下滑，选择就读普通高中还有机会升入大学，最坏的结果也不比中等职业教育差，因此学生选择中等职业教育的主观动机在急剧减弱（叶阳永，2020）。此外，中等职业教育长期未得到社会主流价值的肯定与认可、招生专业结构变化速度滞后于三次产业结构变化速度、人民群众对高质量和高层次教育的需求上升等，也是造成中等职业教育招生困难的重要原因（刘兰明，2015；马欣悦和石伟平，2020）。从供给侧推动中等职业教育转型发展是解决上述问题的根本途径，并且有大量学者从转变教育功能、创新人才培养模式等方面提出了有益的政策建议（石伟平和郝天聪，2018；陈鹏，2021）。然而，这是一项艰巨的复杂工程，需要投入大量的人力、物力和财力进行长期的理论探索和实践创新。那么，在持续推进中等职业教育供给侧改革的同时，是否存在其他措施来应对招生难这一紧迫问题呢?

近年来，教育行业尤其是高等教育行业被越来越多学者看成一项纯粹的服务行业（Oldfield & Baron，2000）。教育机构为学生提供包含知识教授、人际交往、学历认证、基础设施等方面的教育服务，而学生需要为这些服务承担相应的学习成本。与其他部门消费者的想法和行为相似，承担了学习成本的学生会希望获得的教育服务物有所值（Watson，2003；Gruber et al.，2010）。对于中等职业教育而言，虽然国家出台了学费减免、困难资助、国家奖学金等多项优惠政策，极大地分摊了学生的学习成本，但中职学生仍需要承担相应的时间成本和机会成本。学生在普通高中教育和中等职业教育之间，抑或是在中职学校之间进行求学决策时，其消费者属性仍然突显。现有研究证实，学生满意度对其忠诚度具有显著的正向影响（张蓓和黄志平，2013；Annamdevula & Bellamkonda，2016），并且满意度高的学生会乐于传播好的教育口碑（Alves & Raposo，2007；Clemes et al.，2013）。因此，提高中职学生满意度既是提升职业教育质量的有效措施，也是应对中等职业教育招生难问题的重要途径。中职学生满意度越高，中等职业教育和中职学校就越有竞争力，从而越能吸引稳定的优质生源。

准确把握当前中职学生满意度的影响因素及其作用路径，是有针对性提出满意度提升策略的前提。学生满意度作为评估学校教育质量的重要指标，已得到国内外学者的广泛关注与研究。多数学者基于顾客满意度指数模型，如美国顾客满意度指数（ASCI）模型、瑞典顾客满意度指数（SCSB）模型等，探索构建了相应的教育顾客满意度指数模型，并基于调查数据进行了丰富的实证检验（Alemu & Cordier，2017；Nixon et al.，2018；文静，2018；崔保师等，2019）。然而，更多研究关注的是义务教育和高等教育这两个阶段，针对中职学生满意度的实证研究仍较为缺乏。就已有相关研究而言，孙诚（2018）构建了中职学生满意度模型，并基于全国中职学生满意度问卷调查数据展开了相应的实证分析。王纾和孔令军（2021）基于2019年全国中等职业教育满意度系列调查数据，对中职学生教育满意度情况进行了测评和实证分析。上述研究为了解我国中职学生满意度提供了有益的借鉴，但其研究的重点均在于现状分析，对各变量之间关系的探讨仍待深入，并且所构建的中职学生满意度模型仍有进一步优化的空间。

本书以欧洲顾客满意度指数模型为基础，结合我国中等职业教育发展困境，构建了包括职业教育形象、教育期望、感知质量、感知价值、总体满意度和忠诚度6个变量在内的中职学生满意度模型，并利用“9+3”计划学生学情调查数据进行实证检验。本书的主要贡献在于：一方面，由顾客满意度指数模型中企业形象衍生出的学校形象在国外相关研究中已得到广泛的应用（Masserini et al.，2019；Chandra et al.，2019），但在国内研究中的探讨仍较为缺乏。中等职业教育未得到社会主流价值的肯定与认可，即职业教育形象不佳一直是困扰其发展的重要原因。本书创新性地加入了职业教育形象这一潜变量，对中职学生满意度模型进行了修订，有助于丰富现有学生满意度模型相关的研究成果。另一方面，本书对中职学生满意度模型中各变量之间的关系进行了深入的理论探讨和实证检验，既有助于丰富对中职学生满意度形成机制的认识，也为精准提升中职学生满意度提供了研究依据。

5.2 理论分析

5.2.1 理论模型

顾客满意度指数模型建立在累积满意度的基础上，认为顾客满意度会受到一些前因因素的影响，如感知质量、感知价值、顾客期望和企业形象等。模型中的每个因素都是一个潜在的结构，通常被多个指标衡量（Chien et al.，2002）。如前文所述，教育行业被认为是一个服务行业，学生的想法和行为与消费者相似。因此，大量国内外学者借鉴顾客满意度指数模型，探索建立了丰富的教育顾客满意度指数模型，其中不乏关于中职学生满意度模型的有益研究（孙诚等，2018；王纾和孔令军，2021）。

欧洲顾客满意度指数模型是学生满意度研究中被广泛应用的模型之一。区别于其他顾客满意度指数模型，欧洲顾客满意度指数模型的特点在于增加了企业形象这一潜变量。企业形象是指顾客记忆中和组织有关的联想，会影响顾客的期望值以及满意度的判别（刘新燕等，2003）。中等职业教育未得到社会主流价值的肯定与认可，即职业教育形象不佳一直是困扰其发展的重要原因。以企业形象为基础，在“9+3”计划学生满意度模型中引入职业教育形象这一潜变量，有助于更加全面地厘清“9+3”计划学生满意度的形成机制。同时，欧洲顾客满意度指数模型能够用于进一步分析顾客忠诚度，探讨顾客向他人推荐产品或服务的意愿。中等职业教育当期面临的招生难问题，亟须中职学生向家人和朋友进行大力推荐，而将忠诚度加入“9+3”计划学生满意度模型，能够有效地回应这一现实需求。因此，本书以欧洲顾客满意度指数（ECSI）模型为基础，在借鉴已有研究的基础上（Temizer & Turkyilmaz，2012；Turkyilmaz et al.，2018），提出了修订后的“9+3”计划学生满意度模型（见图6-1）。

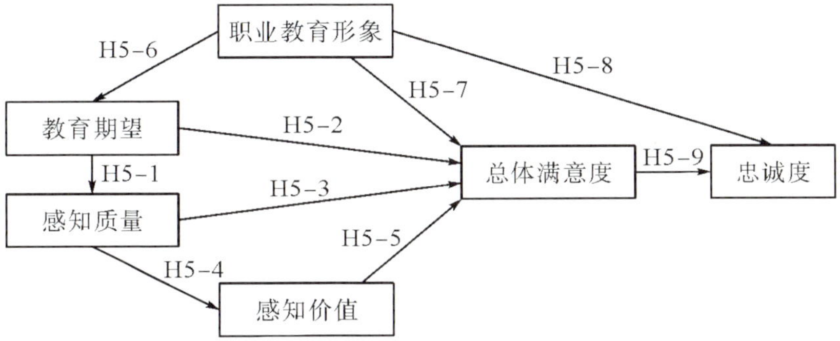

图6-1 修订后的“9+3”计划学生满意度模型

5.2.2 研究假说

已有学者围绕职业教育形象、教育期望、感知质量、感知价值、学生满意度和忠诚度等潜变量开展了丰富的实证研究，厘清了各变量之间的影响路径。虽然这些研究多以大学生为研究对象，但相关结论仍为本书研究假说的设定提供了有益的参考。

顾客满意度源于消费者对产品或服务的期望与实际体验所进行的比较（Zeithmal et al.，1993）。顾客期望和感知质量被认为是影响顾客满意度的重要因素。其中，顾客期望是顾客对产品或服务产生的效用或利益的预期，为其满意度评价的形成提供了一条基准线（Oliver & DeSarbo，1988）。顾客期望越高，相应的质量要求和满意度标准也越高。在高等教育领域，已有研究证实，教育期望既能对学生满意度产生直接影响，也能通过感知质量对学生满意度产生间接影响（Alves & Raposo，2007）。基于此，本书提出如下假说：

H5-1：教育期望对感知质量具有显著的负向影响。

H5-2：教育期望对总体满意度具有显著的负向影响。

H5-3：感知质量对总体满意度具有显著的正向影响。

感知价值通常被定义为顾客在综合考虑净收益和消费成本的基础上，对产品或服务的主观价值感知（Babin et al.，1994）。已有研究证实，顾客感知质量对感知价值有显著的正向影响，并且顾客感知价值还会进一步对其满意度产生积极影响（Kuo et al.，2009；Lai et al.，2009）。在高等教育领域，感知价值能够对学生满意度产生显著的正向影响，并且感知质量作为感知价值的主要决定因素也得到了相应的证实（Alves & Raposo，2007；Clemes et al.，2013）。基于此，本书提出如下假说：

H5-4：感知质量对感知价值具有显著的正向影响。

H5-5：感知价值对总体满意度具有显著的正向影响。

在高等教育领域，感知形象等同于大学形象，通常被定义为学生对大学的所有感觉和印象（Arpan et al.，2003）。刘武和杨雪（2007）基于沈阳市6所高校的调查数据，研究发现大学形象对学生教育期望和满意度均具有显著的正向影响。这一结论在部分国外研究中也得到了证实（Brown & Mazzarol，2009；Alves & Raposo，2010；Teeroovengadum et al.，2019）。本书的研究重点在于应对中等职业教育面临的招生难问题，而非中职学校之间的内部竞争。因此，本书未沿用现有研究的思路，将感知形象看成中职学校形象，而是选择了职业教育形象。基于此，本书提出如下假说：

H5-6：职业教育形象对教育期望具有显著的正向影响。

H5-7：职业教育形象对总体满意度具有显著的正向影响。

学生忠诚度通常被定义为推荐自己的家人和朋友进入同一所学校就读的意愿以及在未来返回继续学习的意愿（Webb & Jagun，1997）。忠诚度高的学生会通过积极的口碑宣传来支持他们的学校（Henning-Thurau et al.，2001）。在高等教育领域，已有研究证实，学生满意度会对其忠诚度产生显著的正向影响（Brown & Mazzarol，2009；Chong & Ahmed，2012；Clemes et al.，2013）。此外，大学形象也被认为是学生忠诚度的一个重要决定因素（Alves & Raposo，2007）。基于此，本书提出如下假说：

H5-8：职业教育形象对忠诚度具有显著的正向影响。

H5-9：总体满意度对忠诚度具有显著的正向影响。

5.3 研究设计

5.3.1 变量选择

为确保调查问卷的科学性和普适性，本书问卷量表在参考国内外成熟量表的基础上（孙诚等，2018；Temizer & Turkyilmaz，2012；Turkyilmaz et al.，2018），结合实地调研资料，对每个变量进行了题项设计。问卷共涉及忠诚度、总体满意度、职业教育形象、教育期望、感知价值、感知质量6个潜变量和19个观测变量（见表5-1）。为有效获取“9+3”计划学生对上述观测变量的正面或负面评价，避免中性评价的过多出现，问卷主要测量方式采用四分量表。其中，LO1 和 LO2 对应的题项选项为非常不愿意、不愿意、愿意、非常愿意，分别赋值为 1～4；SA1、QU3、QU4、QU5、QU6、QU8、QU9 对应的题项选项为非常不满意、不满意、满意和非常满意，分别赋值为 1～4；SA2、IM1、IM2、EX1、EX2、VA1、VA2、QU2 和 QU7 对应的题项选项为非常不认同、不认同、认同、非常认同，分别赋值为 1～4；由于 IM2 和 VA2 对应的题项为反向评价，因此选择使用倒序赋值。

表 5-1　“9+3”计划学生满意度量表及其描述性统计

潜变量	观测变量	题项	均值	标准差
忠诚度	LO1	我愿意推荐其他家人、朋友接受中等职业教育	2. 602	0. 709
	LO2	我愿意推荐其他家人、朋友到所在学校就读	2. 746	0. 782
总体满意度	SA1	学校的总体满意度评价	2. 733	0. 805
	SA2	学校的整体表现与理想中的职业学校不存在差距	2. 544	0. 873
职业教育形象	IM1	接受职业教育有助于够获得家人、朋友的尊敬	2. 615	0. 940
	IM2	相较于普通高中，接受中等职业教育会让未来发展更加受限	2. 394	0. 797
教育期望	EX1	入学前，对学校的教学质量抱有很大期望	2. 374	0. 964
	EX2	入学前，我认为学校能够帮助我完成教育和职业目标	2. 581	0. 906
感知价值	VA1	在校学习到的知识和技能有助于未来职业发展	2. 938	0. 822
	VA2	相较于在这所学校学习，如果将同样的时间和金钱用到其他地方会更有价值	2. 813	0. 874

表5-1(续)

潜变量	观测变量	题项	均值	标准差
感知质量	QU1	学校重视学生德智体美的全面发展	3.067	0.741
	QU2	学校重视围绕每个学生的特点进行个性化培养	2.972	0.810
	QU3	学校的整体校园风气（包括学习、生活等）	3.019	0.755
	QU4	学校设置的课程数量和种类	2.968	0.752
	QU5	学校的课程质量（课程难易程度）	3.007	0.738
	QU6	任课老师的专业技术知识和能力	3.148	0.750
	QU7	与辅导员（班主任）的沟通交流顺畅	2.933	0.850
	QU8	学校在考取职业技能证书方面提供的帮助	3.056	0.778
	QU9	学校提供的社会实践、实习实训机会	2.981	0.803

5.3.2 研究方法

本书研究中的总体满意度、职业教育形象、教育期望、感知价值和感知质量均为难以直接测量的潜变量，并且各变量之间存在相互作用关系，因此选择结构方程模型分析“9+3”计划学生满意度的影响因素。结构方程模型（SEM）是一种多元线性的统计建模方法，整合了因子分析、路径分析和多重线性回归分析，不仅能够处理潜变量，还适用于传导路径的研究，具有传统回归分析方法难以比拟的优势。结构方程模型由结构模型和测量模型两部分组成。其中，结构模型反映潜变量之间的关系，测量模型反映潜变量与观测变量之间的关系。具体方程形式如下：

$$\eta = \Gamma\xi + B\eta + \zeta \tag{5-1}$$

$$X = \Lambda_X\xi + \delta \tag{5-2}$$

$$Y = \Lambda_Y\eta + \varepsilon \tag{5-3}$$

（5-1）式为结构模型，η、ξ 分别表示外生潜变量和内生潜变量，Γ 表示外生潜变量与内生潜变量之间的关系矩阵，B 表示内生潜变量与内生潜变量之间的关系矩阵。（5-2）式和（5-3）式为测量模型，X 为外生潜变量的观测变量，Y 为内生潜变量的观测变量，Λ_X 和 Λ_Y 分别表示外生潜变量和内生潜变量与各自观测变量的关系矩阵。ζ、δ 和 ε 均为误差项。本书的结构方程理论模型主要基于图 5-1，涉及的潜变量和观测变量如表 5-1 所示。

5.4 实证检验与结果分析

5.4.1 描述性分析

表 5-1 列出了各观测变量的描述性统计结果。根据表 5-1，总体满意度和忠诚度的表现并不理想，其得分均值介于 2.544~2.746。其中，仅有 59.14%的学生对“我愿意推荐其他家人、朋友接受中等职业教育”持肯定态度，并且有 64.1%的学生对“学校的整体表现与理想中的职业学校不存在差距”持否定态度。职业教育形象的表现也不理想，32.0%的学生对“接受职业教育有助于够获得家人、朋友的尊敬”持否定态度，43.66%的学生对“相较于普通高中，接受中等职业教育会让未来发展更加受限”持肯定态度。就教育期望而言，仅有 44.5%的学生对“入学前，对学校的教学质量抱有很大期望”持肯定态度，并且有 43.2%的学生对“入学前，我认为学校能够帮助我完成教育和职业目标”持否定态度。上述结果在一定程度上为中等职业教育当前面临的招生难问题提供了经验依据。相较于其他潜变量而言，关于感知质量的观测变量得分均值表现较好，介于 2.933~3.148，基本达到满意程度。其中，学校重视学生德智体美的全面发展

（Q1）、学校的整体校园风气（包括学习、生活等）（Q3）、学校的课程质量（课程难易程度）（Q5）、任课老师的专业技术知识和能力（Q6）和学校在考取职业技能证书方面提供的帮助（Q8）5个题项所对应的观测变量的得分均值大于3。此外，学生对感知价值的主观评价也相对较好，并且有76.3%的学生对“在校学习到的知识和技能有助于未来职业发展”持肯定态度。

5.4.2 问卷量表的有效性检验

调查问卷中的量表设计的质量直接关系到研究结论的可靠性和有效性，因此需要对量表进行信度检验和效度检验。本书采用克朗巴哈系数（Cronbach's α）和组合信度（CR）测度该量表的信度，采用平均方差抽取量（AVE）用于衡量收敛效度，并利用SPSS25.0和AMOS26.0软件进行数据处理。根据表5-2，各观测变量的标准因子载荷量均大于0.5，符合模型基本适配指标。各潜变量的克朗巴哈系数介于0.696~0.911，组合信度介于0.723~0.911，表明各测量变量的一致性较好，量表的信度较高。此外，各潜变量的平均方差抽取量介于0.533~0.691，表明量表的收敛效度较好。综上所述，本书的“9+3”计划学生满意度量表具有较高的信度和效度，可进入下一步分析。

表 5-2 “9+3”计划学生满意度量表的信度和聚合效度检验结果

潜变量	观测变量	因子载荷	克朗巴哈系数（Cronbach's α）	组合信度（CR）	平均提炼方差（AVE）
忠诚度	LO1	0.602	0.696	0.723	0.581
	LO2	0.894			
总体满意度	SA1	0.869	0.818	0.817	0.691
	SA2	0.792			
职业教育形象	IM1	0.759	0.772	0.780	0.640
	IM2	0.839			
教育期望	EX1	0.723	0.751	0.754	0.607
	EX2	0.831			
感知价值	VA1	0.993	0.767	0.810	0.691
	VA2	0.629			
感知质量	QU1	0.782	0.911	0.911	0.533
	QU2	0.759			
	QU3	0.775			
	QU4	0.731			
	QU5	0.729			
	QU6	0.709			
	QU7	0.707			
	QU8	0.663			
	QU9	0.707			

5.4.3 模型整体适配度检验

本书根据“9+3”计划学生满意度理论模型与样本数据，运用AMOS26.0软件对结构方程进行拟合。为提高模型的拟合优度，本书根据协方差修正指数MI，按照每次释放一个参数的原则，并结合变量方差之间的合理共变关系依次对模型进行修正，相继增加了 4 条残差路径。需要注意的是，在协方差修正指数 MI 的指引下，本书在修正模型中加入了理论模型中被忽略的职业教育形象对感知价值的影响路径。修正后的“9+3”计划学生满意度结构模型的优化路径如图 5-2 所示。

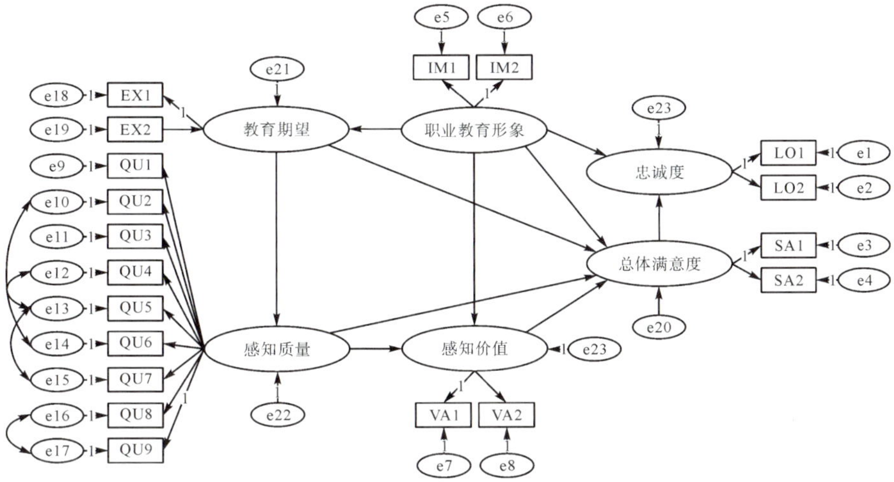

图 5-2 修正后的“9+3”计划学生满意度结构模型的优化路径

整体模型适配度检验结果如表 5-3 所示。除卡方值（CIMN）和卡方自由度（NC）的检验结果并不理想外，其他适配度指数均达到模型可接受标准。卡方值容易受到样本量大小的影响，当样本量超过 200 时还应参考其他适配度指标（吴明隆，2010）。综上所述，修正后的结构方程模型具有良好的拟合度，基本通过整体模型适配度检验，能够确保估计结果具有较强的可靠性。

表 5-3　整体模型适配度检验结果

指标	符号	适配标准或临界值	结果值	适配判断
卡方值	CMIN	显著性概率值 p>0.05	0.000	否
适配度指数	GFI	>0.90	0.920	是
残差均方和平方根	RMR	<0.05	0.030	是
规准适配指数	NFI	>0.90	0.915	是
相对适配指数	RFI	>0.90	0.895	否
增值适配指数	IFI	>0.90	0.946	是
非规准适配指数	TLI	>0.90	0.932	是
比较适配指数	CFI	>0.90	0.945	是
卡方自由度比	NC	1<NC<3	2.758	否
临界样本数	CN	>200	220	是

5.4.4　结构方程模型结果分析

基于最大似然估计法的结构方程模型估计结果如表 5-4 所示。根据表 5-4，本书提出的“9+3”计划学生满意度模型得到证实。教育期望对感知质量和总体满意度均具有显著的负向直接影响，并且路径系数分别为 -0.237和-0.157，从而验证了假说 H5-1 和 H5-2，表明学生教育期望的提高，使学校教育的质量要求和满意度标准也得到相应的提高。感知质量和感知价值均对总体满意度具有显著的直接影响，并且路径系数分别为 0.551 和 0.272，从而验证了假说 H5-3 和 H5-5，表明学生对学校教育的质量和价值的主观评价越高，相应的总体满意度评价也会越高。同时，感知质量对感知价值具有显著的正向直接影响，验证了假说 H5-4，表明学生对学校教育质量的主观评价的提高，也会促进其感知价值的提高。职业教育形象对教育期望、总体满意度和忠诚度均具有显著的正向直接影响，并且路径系数分别为0.230、0.100和0.067，验证了假说H5-6和H5-7，但拒绝了假说H5-8，表明学生对中等职业教育的积极看法既能够提升他们对接受中等职业教育的收获期望，也能够提升他们接受中等职业教育后的总体满意度，但不会促进他们主动向家人和朋友推荐中等职业教育和学校。在修正模型中增加的职业教育形象对感知价值的影响路径也达到了显著性水平（$p<0.001$）。可能的原因在于，感知价值反映了学生在学校开展学习后的收益与成本的比较，而职业教育形象反映了学生对中等职业教育的整体看法，在一定程度上会影响学生对学习收益的判断。职业教育形象越高，学习收益评价越高，导致感知价值也会得到相应的提升。此外，总体满意度对忠诚度具有显著的正向直接影响，验证了假说H5-9。这表明，提升学生满意度确实是应对中等职业教育招生难问题的有效措施。

表5-4　结构方程模型估计结果

假说	影响路径	路径系数	标准误差	p值	结果
H5-1	教育期望→感知质量	-0.237	0.048	<0.001	接受
H5-2	教育期望→总体满意度	-0.157	0.054	<0.001	接受
H5-3	感知质量→总体满意度	0.551	0.065	<0.001	接受
H5-4	感知质量→感知价值	0.281	0.057	<0.001	接受
H5-5	感知价值→总体满意度	0.272	0.064	<0.001	接受
H5-6	职业教育形象→教育期望	0.230	0.063	0.004	接受
—	职业教育形象→感知价值	0.251	0.052	<0.001	—
H5-7	职业教育形象→总体满意度	0.100	0.054	0.067	接受
H5-8	职业教育形象→忠诚度	0.067	0.046	0.140	拒绝
H5-9	总体满意度→忠诚度	0.739	0.051	<0.001	接受

为了直观地展现各潜变量对总体满意度和忠诚度的影响，本书估计了它们的直接效应、间接效应和总效应（见表 5-5）。感知质量对总体满意度的总效应最大，达到 0.627，表明学校教育质量仍是学生满意度最重要的决定因素。其中，直接效应达到 0.551，间接效应仅为 0.076。教育期望、感知价值和职业教育形象对总体满意度的总效应分别为-0.306、0.272 和 0.097。就忠诚度而言，教育期望、感知质量、感知价值、职业教育形象和总体满意度所产生的总效应分别为-0.226、0.464、0.201、0.139 和 0.739。

表 5-5　潜变量对“9+3”计划学生满意度的影响效应

影响路径	直接效应	间接效应	总效应
教育期望→总体满意度	-0.157	-0.149	-0.306
感知质量→总体满意度	0.551	0.076	0.627
感知价值→总体满意度	0.272	—	0.272
职业教育形象→总体满意度	0.100	-0.002	0.097
教育期望→忠诚度	—	-0.226	-0.226
感知质量→忠诚度	—	0.464	0.464
感知价值→忠诚度	—	0.201	0.201
职业教育形象→忠诚度	0.067	0.072	0.139
总体满意度→忠诚度	0.739	—	0.739

5.5　结论与讨论

“9+3”计划学生满意度建立在累积满意度的基础上，会受到一些前因因素的影响。本章基于欧洲顾客满意度指数模型，对中职学校学生满意度模型进行了修订，并且经整体适配度检验后发现，修订后的模型具有较为理想的拟合优度。在此基础上，本章基于四川省调查数据，利用结构方程模型分析了“9+3”计划学生满意度的影响因素及其作用路径，得到以下研究结论：

第一，本章通过实证数据分析发现，总体满意度对忠诚度具有显著的正向影响，并且相应的直接效应达到0.739。这一结果与已有关于高等教育领域的研究结果一致，表明“9+3”计划学生对学校的满意度评价越高，向家人和朋友推荐中等职业教育和学校的意愿越强。考虑到学生忠诚度不仅存在于在校期间，并且在毕业后也具备长期持续性，因此政府应该将提升学生满意度作为应对“9+3”计划招生难的重要途径。但是，不论是学生满意度还是忠诚度，对应的观测变量得分均值表现均不理想，这在一定程度上与中等职业教育招生难的现状是一致的。

第二，职业教育形象反映了“9+3”计划学生对中等职业教育的所有感觉与印象。本章的研究结果表明，职业教育形象不仅能够对总体满意度产生显著的正向直接影响，还能通过教育期望和感知价值对总体满意度造成显著的正向间接影响。此外，职业教育形象对学生忠诚度也能产生显著的正向效应，总效应达到0.139。然而，“9+3”计划学生对职业教育形象的主观评价并不理想，仍有近半数的学生对职业教育形象持负面态度。这不利于“9+3”计划甚至是中等职业教育的长期稳定发展。因此，政府应该注重塑造职业教育的新形象，让中等职业教育得到社会主流价值的肯定与认可。

第三，感知质量和感知价值均对总体满意度具有显著的正向影响。其中，感知质量对学生满意度影响的直接效应和总效应最大，分别达到0.551和0.627。相较于其他潜变量，感知质量和感知价值所对应的观测变量均值得分表现较好，但仍有进一步提升的空间。为提高总体满意度，政府应注重提高“9+3”计划学生对感知质量和感知价值的主观评价。教育期望对总体满意度具有显著的负面影响，这证实了教育期望为“9+3”计划学生满意度评价的形成提供了一条基准线的论断。考虑到职业教育形象对教育期望具有显著的正向影响，降低“9+3”计划学生教育期望难以成为提升总体满意度的主要途径，但仍需在引导学生形成合理的教育期望方面努力。

6 “9+3”计划学生学习动机对就业能力的影响研究

6.1 文献综述

心理学对学习动机的专门研究大致可以追溯到20世纪40、50年代的行为主义学派，并在此后的研究历程中，得到不断的理论丰富与实践应用，在教育心理学中从边缘走向中心地位（Pintrich，2003）。一般而言，学习动机是指引发和保持学生学习行为，并促使学生向其学业目标前进的动力倾向，主要包含对学习的需求和对学习的期待两大部分（刘儒德，2010）。目前，与学习动机相关的理论较为丰富，如自我决定理论（Ryan & Deci，1985；2000；2002）、目标理论（Pintrich & Schunk，2002）、社会认知理论（Bandura，1986）和动机期望值理论（Atkinson，1964；Eccles et al.，1983）。前三个理论是基于动机的质量或类型，而最后一个理论是基于动机的数量。这些理论的提出为丰富学习动机研究提供了坚实的基础支撑。例如，根据目标理论，动机可以被描述为一个人的目标取向，包括掌握目标和绩效目标。从班杜拉（Bandura，1986）的角度来看，因为动机依赖于自我效能感（一个人对实现某一目标的能力的信念），所以自我效能感可以被视为动机。对某一任务有很强自我效能感的人可被认为具有完成这项任务的强动机（Bandura，1986；Kusurkar，2012）。

对学习动机进行科学的量化测度和评价，是开展相关学术研究和实际应用的前提。大量学者围绕这一主题，开展了有益的探讨（Pintrich & Schunk，2002）。例如，阿马比尔等（Amabile et al.，1994）构建了包括内生动机和外生动机两个分量表在内的学习动机量表，共包含 30 个项目，采用 4 级评分，得分越高表示动机水平越高。其中，内生动机是指学生为满足其内在需求而开展活动；外生动机是指学生出于奖惩措施等工具原因而开展活动。该量表不仅由编者通过两期的美国学生样本数据检验证实具有较为理想的结构效度和预测效度，并且得到国内学者的广泛验证与应用（池丽萍和辛自强，2006）。特别地，由德西和瑞安（Deci & Ryan，1985；2000；2002）提出的自我决定理论将动机划分为无动机、内部动机和外部动机，并进一步将外部动机解构为外部调节、融合调节、认同调节等方面，为丰富学习动机的测度方式提供了理论借鉴。在此基础上，大量学者探讨并构建了多维学习动机量表。其中，瓦勒朗和比索内特（Vallerand & Bissonnette，1990；1992）开发的学习动机量表是应用最为广泛的量表之一。他们用 7 个分量表的 28 个题项来反映自我决定理论中关于动机的内涵界定与维度划分。随后，大量学者基于美国、西班牙、希腊等不同国家的调查数据，对该量表的结构与题项进行反复优化调整，形成版本丰富的可借鉴量表（Legault et al.，2006；Ratelle et al.，2007；Stover et al.，2012）。

在此基础上，已有国外研究通过实证分析发现，学习动机强的学生倾向于认为学校和学习是有价值的，享受与学习相关的活动（Eccles & Wigfield，2002；Zimmerman，2008），并且能够达成更高的学业成绩，包括降低辍学率、提高学习成绩、利用深层次学习策略等（Otis et al.，2005；Vansteenkiste et al.，2005）。相关研究结果也被国内学者所证实。例如，于倩等（2019）利用调查数据研究分析发现，学习动机对包括行为参与、情感参与和认知参与等学习投入行为具有正向影响，能够显著提升学生的学业成绩。需要指出的是，尽管提升学业成绩是教育的一个重要目标，但提高学术动机对推广终身学习制也至关重要。此外，部分学者发现学习动机不仅能够对学习成绩产生影响，并且对学生健康成长具有显著作用。例如，王田等（2021）基于我国东部某省的14 021名高中生的调查数据，选择分段回归模型探究了学习动机和学习压力对主观幸福感的影响，发现学习动机对学生的主观幸福感具有显著的正向影响，并且这一效应比学习压力的影响程度更大。究其原因，对于学习动机较强的学生而言，学习能够帮助他们获得新的知识，既能满足自身的求知欲又能体现自我价值，通常被看成一个有意义的、快乐的过程，因此可以体验到较强的学习成就感和愉悦感（Muis，2004）。

就目前看来，虽然大量学者对学习动机展开了深入分析，尤其是围绕学习动机对学生学业成绩的影响及其作用机制进行了系统研究，但仍缺乏关于学习动机影响学生就业能力的相关探讨。就业能力是一种关键的个人资源，能够帮助人们以更强的信心面对不断变化的劳动力市场（Di Fabio & Kenny，2015）。对于面向就业的学生而言，提高就业能力与提升学业成绩具有同等重要的价值。考虑到职业院校学生的课程设定偏技术应用型，其学业成绩的好坏能在一定程度上反映就业能力的大小，但仍并不能将两者等同看待。已有研究发现，民族地区学生学业成绩与其他地区学生相比并不理想，除了归因于学习基础薄弱外，其他描述最多的便是缺乏进取精神、奋斗精神、不够努力等，即学习动机不强（杨小峻和王德芳，2017）。“9+3”计划学生离开家乡外出求学，肩负着带领全家增收的重要责任。然而，当前对“9+3”计划学生学习动机的了解仍然较少，关于其就业能力的影响研究更为缺乏。为进一步丰富“9+3”计划的相关研究，本章以学习动机为切入点，利用结构方程模型实证检验“9+3”计划学生学习动机对其就业能力的影响。

6.2 理论分析

6.2.1 理论模型

本章基于自我决定理论对学习动机的维度划分，结合“9+3”计划学生的学习生活实际情况，从内部动机、外部调节、融合调节和认同调节四个维度对学习动机进行衡量。其中，内部动机是指人类固有的一种追求新奇和挑战、发展和锻炼自身能力、勇于探索和学习的先天倾向（Deci & Ryan，1985）；外部调节是指个体的行为完全遵循外部规则，其目的是满足外在要求或是为了获得附带的报酬；融合调节是指个体吸收了外部规则，但没有完全接纳为自我的一部分；认同调节是指个体对一个行为目标或规则进行有意识的评价。以“9+3”计划学生的学习动机为例，学生参加“9+3”计划是出于对学习的兴趣爱好，属于内部动机；为以后能够赚取更多的薪水报酬，属于外部调节；为证明自己能够在学业上取得成功，属于融合调节；为帮助自己更好地为选择职业做准备，属于认同调节。同时，本章结合前文对“9+3”计划学生就业能力的衡量方式，即将就业能力划分为职业专业知识以及预期和优化，本章提出了如图 6-1 所示的“9+3”计划学生“学习动机-就业能力”模型（M-E 模型）。

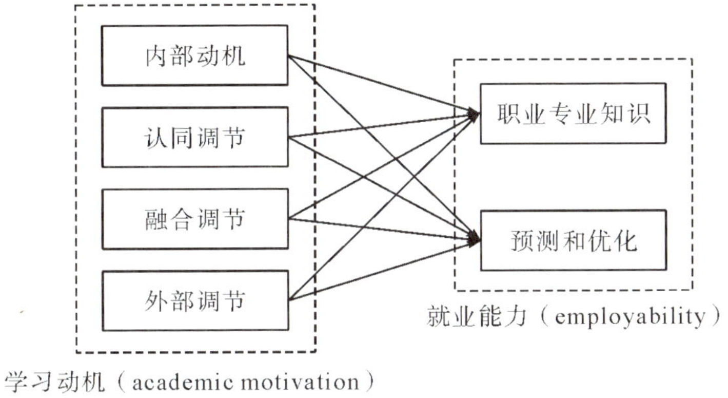

图 6-1 “9+3”计划学生“学习动机-就业能力”模型（M-E 模型）

6.2.2 研究假说

奥的斯等（Otis et al.，2005）将动机分为内部动机和外部动机两部分，其中外部动机包括认同调节、融合调节以及外部调节三个维度。他们研究发现，学生学习动机对其辍学意图、旷课、家庭作业频率和教育抱负等行为具有显著的影响。学生外在学习动机对其学习活动参与具有显著的正向影响（于倩等，2018）。陈勇（2020）认为，学生通过采取不同的学习行为来获取促进个人就业的资源和信息，能够促进个体就业能力的形成，即学生的学习行为对其就业能力的形成具有正向促进作用。然而，用于衡量学习动机的维度是多维的，不同维度的学习动机对就业能力可能产生不同的影响。基于此，本章提出如下假说：

H6-1：学习动机对就业能力具有显著影响，但不同维度的学习动机所造成的影响具有异质性特征。

内部动机的产生源于个体内部的驱动因素，如个体的兴趣、满足感等（李璐，2021）。学生个体在内部动机的作用下产生的行为并非只是为了获取外部奖励，更多是个体为了追求个人行为的满足感以及行为带来的乐趣（Ryan & Deci，2000）。在早期的研究中，有大量学者研究发现，内部动机与学习能力具有相关性，即学习的内部动机越强，其对通过学习得到收获的期望越高，相应的学习效果就越好（李璐，2021）。就业人格是学生就业能力结构中的重要衡量维度，而学习能力是就业人格的重要组成部分（贾利军和管静娟，2013）。学生的学习能力不仅会影响其学业成绩，还会影响其就业能力。内部动机对学习能力具有显著的正向影响，学习能力又会进一步影响就业能力，因此内部动机对就业能力可能同样存在积极影响。基于此，本章提出如下假说：

H6-2：内部动机对职业专业知识具有显著的正向影响。

H6-3：内部动机对预期和优化具有显著的正向影响。

自我决定理论指出，个体具有自我决定倾向，这种倾向不仅受个体内心意愿影响，还会受到外部环境的影响（杨长进，2021）。认同调节是指个体对某一行为目标或规则进行有意识的判断后，认同该目标或规则对自己的重要性，从而调节自己的行为以完成这个目标或维持这样的规则（衷克定，2009）。与其他外部动机相比，认同调节具有更高的自我决定水平。在认同调节动机的影响下，“9+3”计划学生为了找到自己满意的工作，会通过采取不同的行为策略获得有益的信息，进而对其提高就业能力具有正向促进作用（陈勇，2020）。基于此，本章提出如下假说：

H6-4：认同调节对职业专业知识具有显著的正向影响。

H6-5：认同调节对预期和优化具有显著的正向影响。

融合调节是指个体接收了某种外部规则或价值观，但又没有真正内化这些外部规则或价值观，为了避免焦虑和愧疚，或者为了获得他人尊重而采取行动的动机（张春虎，2019）。在融合调节动机的影响下，学生是为了保护自尊、避免内疚感而强迫自己参加学习（Otis，2005），或者是为了证明自己有能力完成某样事情（衷克定，2009）。虽然学生并非发自内心地参与到学习活动当中，但是通过学习活动的参与，仍能在一定程度上对其学习能力进行提升，进而影响其就业能力。基于此，本章提出如下假说：

H6-6：融合调节对职业专业知识具有显著的正向影响。

H6-7：融合调节对预期和优化具有显著的正向影响。

外部调节是指个体的行为是完全受到外部来源控制的，是自我决定水平最低的一种外部动机形式。在外部调节动机影响下，个体采取行动只是为了达到预期的结果，如获得认可或避免惩罚等（Otis，2005），但如果外部来源不存在了，相应的外部调节动机也会随之消失（衷克定，2009）。换言之，外部调节动机越强，学生学习受到外部来源的影响越大。当不再存在外部来源的影响，学生的学习动机便会减弱直至消失，而学习动机的消失会对其就业能力产生负向影响。基于此，本章提出如下假说：

H6-8：外部调节对职业专业知识具有显著的负向影响。

H6-9：外部调节对预期和优化具有显著的负向影响。

6.3 模型构建

6.3.1 变量选择

为确保调查问卷的科学性和普适性，本章问卷量表在参考成熟量表的基础上（Otis et al.，2005；Heijde & Van Der Heijden，2006），结合实地调研资料，对每个变量进行了题项设计（见表 6-1）。问卷共涉及内部动机、融合调节、认同调节、外部调节、职业专业知识、预期和优化 6 个潜变量和 20 个观测变量。为有效获取“9+3”计划学生对上述观测变量的正面或负面评价，避免中性评价的过多出现，问卷主要测量方式采用四分量表，对应的题项选项为非常不认同、不认同、认同、非常认同，分别赋值为1~4。

表 6-1 “9+3”计划学生学习动机和就业能力量表及其描述性统计

潜变量	观测变量	题项	均值	标准差
内部动机	XA1	因为在学习新知识和技能时，我能够感到快乐和满足	3. 041	0. 740
	XA2	因为在我感兴趣的学科上拓展知识面会让我感到快乐和满足	3. 088	0. 709
	XA3	因为有机会继续学习更多让我感兴趣的东西	3. 125	0. 696
融合调节	XB1	因为我想证明我能在学业上取得成功	3. 133	0. 748
	XB2	因为我想向自己证明，我可以获得比初中更高的文凭	3. 183	0. 724
	XB3	因为在学校取得成功会让我感受到自己的重要性	3. 153	0. 704

表6-1(续)

潜变量	观测变量	题项	均值	标准差
认同调节	XC1	因为能够帮助我更好地为选择职业做准备	3.166	0.695
	XC2	因为能够帮助我进入喜欢的就业领域	3.097	0.738
	XC3	因为多接受几年教育会提高我的就业能力和竞争力	3.185	0.686
外部调节	XD1	为了以后能得到一份更有声望的工作	3.114	0.744
	XD2	因为我以后想要过更加美好的生活	3.273	0.692
	XD3	为了以后能拿到更高的薪水	3.194	0.747
职业专业知识	YA1	我有能力在自己的工作领域与专家进行深入讨论	2.763	0.801
	YA2	我有能力以可理解的方式为他人提供有关我的工作的信息	2.908	0.759
	YA3	我有能力为同学（同事）在面临工作方法问题时提供实际帮助	3.028	0.744
	YA4	我有能力区分主要问题和次要问题，并确定优先事项	3.004	0.749
预期和优化	YB1	我会主动花时间提高对未来职业发展有益的知识和技能	3.142	0.752
	YB2	我在制定职业生涯规划时有考虑劳动力市场未来的变化	2.985	0.773
	YB3	我能发现自己的不足，并想办法去改进	3.213	0.710
	YB4	我会有意识地运用自己新获得的知识和技能	3.215	0.738

6.3.2 研究方法

本章研究中的内部动机、融合调节、认同调节、外部调节、职业专业知识和预期和优化均为难以直接测量的潜变量，并且各变量之间存在相互作用关系，因此选择结构方程模型分析“9+3”计划学生就业能力的影响因素。结构方程模型（SEM）是一种多元线性的统计建模方法，整合了因子分析、路径分析和多重线性回归分析，不仅能够处理潜变量，还适用于传导路径的研究，具有传统回归分析方法难以比拟的优势。结构方程模型由结构模型和测量模型两部分组成。其中，结构模型反映潜变量之间的关系，测量模型反映潜变量与观测变量之间的关系。具体方程形式如下：

$$\eta = \Gamma\xi + B\eta + \zeta \quad (6-1)$$

$$X = \Lambda_X\xi + \delta \quad (6-2)$$

$$Y = \Lambda_Y\eta + \varepsilon \quad (6-3)$$

（6-1）式为结构模型，η、ξ 分别表示外生潜变量和内生潜变量，Γ 表示外生潜变量与内生潜变量之间的关系矩阵，B 表示内生潜变量与内生潜变量之间的关系矩阵。（6-2）式和（6-3）式为测量模型，X 为外生潜变量的观测变量，Y 为内生潜变量的观测变量，Λ_X和Λ_Y分别表示外生潜变量和内生潜变量与各自观测变量的关系矩阵。ζ、δ 和 ε 均为误差项。本章的结构方程理论模型主要基于图 6-1，涉及的潜变量和观测变量如表 6-1 所示。

6.4 实证结果

6.4.1 描述性分析

通过对衡量“9+3”计划学生学习动机的四个维度变量的描述性统计分析发现，不论是内部动机和融合调节，还是认同调节和外部调节，对相对应题项说法表示认同和非常认同的样本学生均超过 80%，学生的学习动机普遍呈积极倾向，在主观层面具有较为强烈的进一步学习动力。“9+3”计划学生对学习动机的基本统计特征描述如表 6-2 所示。

表 6-2　“9+3”计划学生对学习动机的基本统计特征描述

观测变量	类别	样本量	比例/%	观测变量	类别	样本量	比例/%
XA1	非常不认同	21	4.52	XC1	非常不认同	9	1.94
	不认同	55	11.83		不认同	53	11.40
	认同	273	58.71		认同	255	54.84
	非常认同	116	24.95		非常认同	148	31.83
XA2	非常不认同	15	3.23	XC2	非常不认同	16	3.44
	不认同	53	11.40		不认同	58	12.47
	认同	273	58.71		认同	256	55.05
	非常认同	124	26.67		非常认同	135	29.03
XA3	非常不认同	12	2.58	XC3	非常不认同	8	1.72
	不认同	51	10.97		不认同	50	10.75
	认同	269	57.85		认同	255	54.84
	非常认同	133	28.60		非常认同	152	32.69
XB1	非常不认同	15	3.23	XD1	非常不认同	15	3.23
	不认同	58	12.47		不认同	60	12.90
	认同	242	52.04		认同	247	53.12
	非常认同	150	32.26		非常认同	143	30.75
XB2	非常不认同	13	2.80	XD2	非常不认同	9	1.94
	不认同	48	10.32		不认同	38	8.17
	认同	245	52.69		认同	235	50.54
	非常认同	159	34.19		非常认同	183	39.35
XB3	非常不认同	16	3.44	XD3	非常不认同	14	3.01
	不认同	37	7.96		不认同	51	10.97
	认同	272	58.49		认同	231	49.68
	非常认同	140	30.11		非常认同	169	36.34

就内部动机而言，XA1、XA2 和 XA3 的得分均值分别为 3.041、3.088 和 3.125，均处于认同与非常认同之间。其中，XA1 对应的问题为“因为在学习新知识和技能时，我能够感到快乐和满足”，选择非常不认同、不

认同、认同和非常认同的学生分别有 4.52%、11.83%、58.71% 和 24.95%；XA2 对应的问题为“因为在我感兴趣的学科上拓展知识面会让我感到快乐和满足”，选择非常不认同、不认同、认同和非常认同的学生分别有 3.23%、11.40%、58.71%和 26.67%；XA3 对应的问题为“因为有机会继续学习更多让我感兴趣的东西”，选择非常不认同、不认同、认同和非常认同的学生分别有 2.58%、10.97%、57.85%和 28.60%。

就融合调节而言，XB1、XB2 和 XB3 的得分均值分别为 3.133、3.183 和 3.153，均处于认同与非常认同之间。其中，XB1 对应的问题为“因为我想证明我能在学业上取得成功”，选择非常不认同、不认同、认同和非常认同的学生分别有 3.23%、12.47%、52.04%和 32.26%；XB2 对应的问题为“因为我想向自己证明，我可以获得比初中更高的文凭”，选择非常不认同、不认同、认同和非常认同的学生分别有 2.80%、10.32%、52.69%和 34.19%；XB3 对应的问题为“因为在学校取得成功会让我感受到自己的重要性”，选择非常不认同、不认同、认同和非常认同的学生分别有 3.44%、7.96%、58.49%和 30.11%。

就认同调节而言，XC1、XC2 和 XC3 的得分均值分别为 3.166、3.097 和 3.185，均处于认同与非常认同之间。其中，XC1 对应的问题为“因为能够帮助我更好地为选择职业做准备”，选择非常不认同、不认同、认同和非常认同的学生分别有 1.94%、11.40%、54.84%和 31.83%；XC2 对应的问题为“因为能够帮助我进入喜欢的就业领域”，选择非常不认同、不认同、认同和非常认同的学生分别有 3.44%、12.47%、55.05% 和 29.03%；XC3 对应的问题为“因为多接受几年教育会提高我的就业能力和竞争力”，选择非常不认同、不认同、认同和非常认同的学生分别有 1.72%、10.75%、54.84%和 32.69%。

就外部调节而言，XD1、XD2 和 XD3 的得分均值分别为 3.114、3.273 和 3.194，均处于认同与非常认同之间。其中，XD1 对应的问题为“为了以后能得到一份更有声望的工作”，选择非常不认同、不认同、认同和非常认同的学生分别有 3.23%、12.90%、53.12%和 30.75%；XD2 对应的问题为“因为我以后想要过更加美好的生活”，选择非常不认同、不认同、认同和非常认同的学生分别有 1.94%、8.17%、50.54%和 39.35%；XD3 对应的问题为“为了以后能拿到更高的薪水”，选择非常不认同、不认同、认同和非常认同的学生分别有 3.01%、10.97%、49.68%和 36.34%。

6.4.2 问卷量表的有效性检验

调查问卷中的量表设计的质量直接关系到研究结论的可靠性和有效性，因此需要对量表进行信度检验和效度检验。本章采用克朗巴哈系数（Cronbach's α）和组合信度（CR）测度该量表的信度，采用平均方差抽取量（AVE）用于衡量收敛效度，并利用 SPSS25.0 和 AMOS26.0 软件进行数据处理。根据表 6-3，各观测变量的标准因子载荷量均大于 0.65，符合模型基本适配指标。各潜变量的克朗巴哈系数介于 0.788~0.863，组合信度介于 0.764~0.842，表明各测量变量的一致性较好，量表的信度较高。此外，各潜变量的平均方差抽取量介于 0.512~0.638，表明量表的收敛效度较好。综上所述，本章的“9+3”计划学生学习动机和就业能力量表具有较高的信度和效度，可进入下一步分析。

表 6-3 “9+3”计划学生学习动机和就业能力的信度和聚合效度检验结果

潜变量	观测变量	因子载荷	克朗巴哈系数（Cronbach's α）	组合信度（CR）	平均提炼方差（AVE）
内部动机	XA1	0. 767	0. 863	0. 841	0. 638
	XA2	0. 786			
	XA3	0. 842			
融合调节	XB1	0. 777	0. 821	0. 821	0. 605
	XB2	0. 774			
	XB3	0. 782			
认同调节	XC1	0. 768	0. 821	0. 819	0. 601
	XC2	0. 790			
	XC3	0. 768			
外部调节	XD1	0. 673	0. 788	0. 764	0. 521
	XD2	0. 803			
	XD3	0. 682			
职业专业知识	YA1	0. 722	0. 842	0. 842	0. 571
	YA2	0. 743			
	YA3	0. 782			
	YA4	0. 774			
预期和优化	YB1	0. 751	0. 806	0. 807	0. 512
	YB2	0. 656			
	YB3	0. 732			
	YB4	0. 719			

6. 4. 3 模型整体适配度检验

本章根据“9+3”计划学生 M-E 理论模型与样本数据，运用 AMOS26. 0 软件对结构方程进行拟合。为提高模型的拟合优度，本章根据协方差修正指数 MI，按照每次释放一个参数的原则，并结合变量方差之间的合理共变关系依次对模型进行修正，相继增加了 2 条残差路径。修正后的"9+3"计划学生 M-E 模型的优化路径如图 6-2 所示。

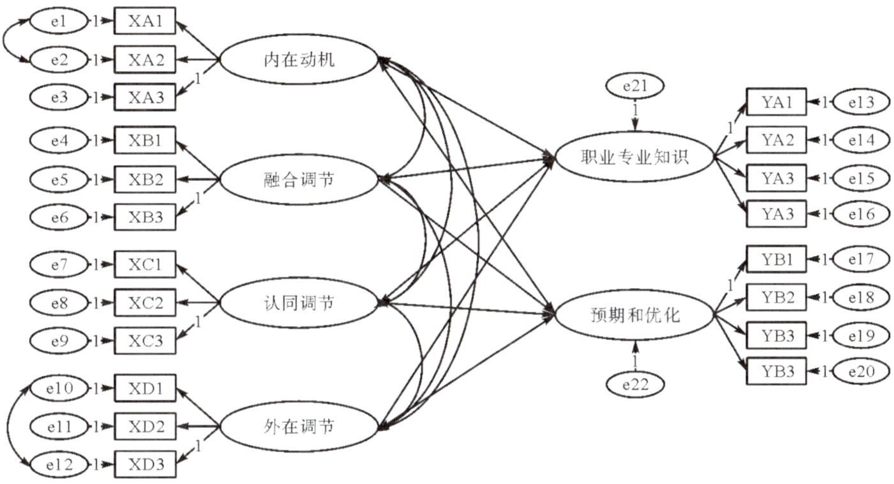

图 6-2 修正后的"9+3"计划学生 M-E 模型的优化路径

整体模型适配度检验结果如表 6-3 所示。除卡方值（CIMN）和卡方自由度（NC）的检验结果并不理想外，其他适配度指标均达到模型可接受标准。卡方值容易受到样本量大小的影响，当样本量超过 200 时还应参考其他适配度指标（吴明隆，2010）。综上所述，修正后的结构方程模型具有良好的拟合度，基本通过整体模型适配度检验，能够确保估计结果具有较强的可靠性。

表 6-3　整体模型适配度检验结果

指标	符号	适配标准或临界值	结果值	适配判断
卡方值	CMIN	显著性概率值 p>0.05	0.000	否
适配度指数	GFI	>0.90	0.920	是
残差均方和平方根	RMR	<0.05	0.030	是
规准适配指数	NFI	>0.90	0.915	是
相对适配指数	RFI	>0.90	0.895	否
增值适配指数	IFI	>0.90	0.946	是
非规准适配指数	TLI	>0.90	0.932	是
比较适配指数	CFI	>0.90	0.945	是
临界样本数	CN	>200	220	是

6.4.4　结构方程模型结果分析

基于最大似然估计法的结构方程模型估计结果如表 6-4 所示。根据表 6-4，用于衡量学习动机的不同维度变量对就业能力产生的影响具有异质性特点，内部动机和认同调节具有正向影响效应，融合调节和外部调节具有负向影响效应。此外，对于两个用于衡量就业能力的不同变量而言，内部动机、认同调节、融合调节和外部调节对其产生的影响又表现出一致性特点。

表 6-4 结构方程模型估计结果

影响路径	路径系数	标准误差	p 值	结果
内部动机→职业专业知识	0. 192	0. 374	0. 607	拒绝
认同调节→职业专业知识	1. 597	0. 601	0. 008	接受
融合调节→职业专业知识	−0. 321	0. 668	0. 631	拒绝
外部调节→职业专业知识	−0. 785	0. 231	<0. 001	接受
内部动机→预期和优化	0. 235	0. 472	0. 619	拒绝
认同调节→预期和优化	2. 076	0. 873	0. 017	接受
融合调节→预期和优化	−0. 843	0. 946	0. 373	拒绝
外部调节→预期和优化	−0. 982	0. 298	<0. 001	接受

内部动机对职业专业知识以及预期和优化均能产生正向影响，但相关结果并不具有统计学显著性意义。这一结果拒绝了假说 6-2 和假说 6-3，表明“9+3”计划学生虽然对“因为在学习新知识和技能时，我能够感到快乐和满足”“因为有机会继续学习更多让我感兴趣的东西”等用于衡量内部动机的题项认同度较高，但并未能真正转化为就业能力的提升。可能的原因在于，享受学习过程与提升就业能力虽然有一定的相关性，但两者所涵盖的学习范畴存在较大差异。提升就业能力需要学生围绕就业这一主题进行有针对性的学习策略制定与实施，而享受学习过程涵盖的范围更加广泛，不仅可能是针对职业专业知识技能的学习，也可能是其他方面通识知识的学习。就后者而言，从长期来看，其对“9+3”计划学生的发展成长有益，但就短期的就业能力提升而言，可能针对性并不突出。

认同调节对职业专业知识以及预期和优化均能产生正向影响，并且相关结果在 5%的显著性水平下显著。这一结果证实了假说 6-4 和假说 6-5，表明“9+3”计划学生的认同调节动机越强，在职业专业知识和预期和优化方面所取得的成效越显著。与其他外部动机相比，认同调节具有更高的自我决定水平。与内部动机相比，认同调节对学生就业能力提升的针对性更强。本章用于衡量认同调节的题项主要包括“因为能够帮助我更好地为选择职业做准备”“因为能够帮助我进入喜欢的就业领域”“因为能够帮助我进入喜欢的就业领域”等。上述认同调节动机越强，意味着“9+3”计划学生围绕就业目标所开展的学习策略制定与实施可能越有针对性，相应的就业能力越会得到显著提高。

融合调节对职业专业知识以及预期和优化均能产生负向影响，但相关结果并不具有统计学显著性意义。可能的原因在于，融合调节动机越强，学生给自己的学习压力虽然越大，但其越看重的是预期目标的达成，而非实际获得的包括就业能力提升在内的学习成效。具体而言，“9+3”计划学生的融合调节动机来源有很多，本章所选取用的题项包括“因为我想向自己证明，我可以获得比初中更高的文凭”等，衡量的是学生为了获得他人尊重而产生的学习动机。对于这类融合调节而言，“9+3”计划学生参与学习的目的只是证明自己能够获得成功，与就业能力并无直接关系。例如，“9+3”计划学生对“因为我想向自己证明，我可以获得比初中更高的文凭”的认同度较高，表明多数学生的学习动机是为了获得比初中更高的文凭。但是，获得中等职业教育文凭并不能直接反映学生获得了相应的就业能力的提升，因此对就业能力的影响并不显著。

外部调节对职业专业知识以及预期和优化均能产生负向影响，并且相关结果在1%的显著性水平下显著。这一结果证实了假说6-8和假说6-9，表明外部调节动机会显著降低“9+3”计划学生的就业能力。诚然，希望毕业后能够获得一份更有声望、更高薪酬水平的工作，过上更加美好的生活是“9+3”计划学生的正常诉求，也是实现“9+3”计划预期政策目标的直接表现，但是外部调节动机只是代表着对未来美好生活的期望，并不代表学生为了实现这一期望所实施的行动。若过分强调对美好生活结果的期盼，而忽略了为追求美好生活所必须付出的努力，可能得到的结果会事与愿违。

6.5 结论与讨论

选择到成都等地继续接受中等职业教育，不同“9+3”计划学生有着不同的学习动机。有的学生可能是为了获取更多的知识学习机会，有的学生可能是为了向自己或身边的人证明自己的能力，有的学生可能是为了获得一份更高薪酬水平的工作。本章通过对“9+3”计划学生学习动机的维度解构，构建了 M-E 模型，并经整体适配度检验后发现，修订后的模型具有较为理想的拟合优度。在此基础上，本章基于四川省调查数据，利用结构方程模型分析了“9+3”计划学生学习动机对其就业能力的影响，得到以下研究结论：

第一，本章通过描述性统计分析发现，“9+3”计划学生的学习动机整体表现较为强烈。就内部动机而言，多数“9+3”计划学生对“因为在学习新知识和技能时，我能够感到快乐和满足”“因为在我感兴趣的学科上拓展知识面会让我感到快乐和满足”“因为有机会继续学习更多让我感兴趣的东西”等题项持认同态度，表明“9+3”计划学生具有较为强烈的学习意愿，并在一定程度上为解释越来越多的“9+3”计划毕业生选择继续深造提供了有力支撑。就外部动机而言，认同调节、融合调节和外部调节均取得了较高的均值得分，表明“9+3”计划学生选择到成都等地读书也受到了诸多外部因素的影响，包括为了向他人证明自己、为了获得更好的就业机会、为了更好地提升就业能力等。

第二，学习动机对就业能力具有显著影响，但不同维度的学习动机所造成的影响具有异质性特征。其中，认同调节对“9+3”计划学生的就业能力具有显著的正向影响。认同调节动机越强的学生，对通过中等职业教育提高就业能力和竞争力、为选择职业做准备的认同感越强，因此在学校的学习和生活中越能采取有针对性的学习策略以实现就业能力提升这一目标。需要指出的是，外部调节对“9+3”计划学生的就业能力具有显著的负向影响。诚然，获得更有声望的、更高薪酬水平的工作，过上美好的生活是“9+3”计划学生的正常诉求，但过度关注教育结果而忽略了教育过程中所需付出的努力，无法在这个过程中有效地针对选择职业做准备，不仅不能够强化就业能力，反而不利于就业能力的提升。此外，内部动机和融合调节对“9+3”计划学生的就业能力未能造成显著影响。

7 “9+3”计划学生学校适应对就业能力的影响研究

7.1 文献综述

学校是学生开展学习活动的重要场所，因此尽快适应学校学习和生活是青少年早期心理发展的重要任务（Roeser et al.，1998）。学校适应是指学生积极参与学校各种活动，自愿遵守学校规则，与学校环境形成良好互动，并与学校机构的其他成员建立亲社会关系（Ladd et al.，1996）。对学校适应进行量化测度是开展相关定量研究的基础工作。已有研究提出的学校适应量表的指标主要来自学校态度、学习适应、人际适应、情绪适应、行为问题、班级参与等方面（侯静，2012）。例如，沃建中（2005）开发了包括学校喜好性和环境适应性两个维度在内的中小学生学校适应性量表；董增云（2010）从人际关系适应、学习适应、校园生活适应、择业适应、情绪适应、自我适应、满意度7个维度对大学生的学校适应性进行衡量；侯静（2013）以高中生为研究对象，开发了包括学习适应、师生关系亲密性、师生关系冲突性、同伴关系适应、情绪适应、集体活动适应、学校态度7个维度在内的高中生学校适应问卷。

已有研究表明，学校适应良好的学生往往对学习活动具有更加积极的情绪和态度，在学校建立人际关系和取得学业成绩方面更加有动力（Buhs & Ladd，2001；Ladd & Burgess，2001）。这些积极的行为表现与学生对学校生活的满意度、心理健康以及其他社会情况发展具有显著关系（Tomas et al.，2020）。特别是在学业方面，一旦学生适应了新的学校学习和生活，他们会更加积极参与课堂活动，主动学习知识技能，从而取得优异的学业成绩（Brody et al.，2002）。例如，有研究者（Zhang et al.，2018）基于郑州市调查数据研究发现，学校适应通过调节学生的学习自我效能感，进而对学生的数学成绩增长有显著的正向影响。需要指出的是，学校适应对学生学业造成影响具有持续性特征，其影响效应不仅存在于初高中时期，甚至会延展至成年早期（Masten et al.，2010）。因此，学校适应被学术界广泛认同为青少年认知、社会和情感发展的重要内容（Ki，2018），并且有大量的学者从学生个体、家庭、学校、社区等不同层面就学校适应的影响因素展开了丰富的有益探讨（赵磊磊等，2019；石雷山和高峰强，2020；周丹青等，2021）。

对于到异地就读的学生而言，适应新的学校学习和生活并不是一件容易的事情。在我国经济社会发展的特定场景下，从农村走向城市的学生的学校适应问题受到了广泛的关注。迁移和生活环境的变化对学生在校期间的社交、学习和心理等领域都具有显著的影响（Chen et al.，2019）。除家庭经济社会状况、教育资源获得公平等因素会影响流动儿童对新环境的适应外，流动学生作为“外来者”的身份认同整合情况对其在学校等特定环境的适应也存在影响（王元等，2020）。农村初中寄宿生、少数民族离村上学儿童等特定群体的学校适应问题也受到了部分学者的关注（戴岳，2013；张金龙和秦玉友，2019）。

对于“9+3”计划学生而言，他们离开熟悉的家乡，到成都等地接受中等职业教育，可能一年都无法返乡几次。由于文化、语言、生活习俗等多方面差异性的存在，相较于其他异地就学的学生而言，“9+3”计划学生适应新环境的难度有过之而无不及。其中，由文化差异导致的不适应性可能最为显著。根据还格吉（2017）的田野调查分析结果，“9+3”计划学生的心理适应过程包括入学报道时的观光阶段、军训时的纠葛阶段、学习初期的深入纠葛阶段、学习稳定期的求索与适应阶段以及实习与后期的反常阶段。在这个过程中，“9+3”计划学生在不同领域的适应性也表现出差异化特征。例如，他们对成都等地的学习风格和态度、对汉语言的学习、对专业技能的学习等方面都很主动，但对生活习俗、宗教信仰、日常伦理道德等方面仍保持着原来的状态（还格吉，2017）。“9+3”计划学生的学校适应表现究竟如何？他们的学校适应表现是否会进一步影响以就业能力为代表的学习绩效呢？为进一步丰富“9+3”计划的相关研究，本章以学校适应为切入点，利用结构方程模型实证检验“9+3”计划学生学校适应对其就业能力的影响。

7.2 理论分析

7.2.1 理论模型

学校适应主要是指学生对学校的学习活动、人际交往和学习环境等方面的适应情况，不仅包括学生对学校的情感或态度，也包括其参加学校活动的程度（何更生和葛爱莲，2012）。就“9+3”计划学生这一特定群体而言，他们既面临学习生活环境变化的适应问题，也面临专业学习内容变化的适应问题。为有效衡量“9+3”计划学生的学校适应情况，本章重点从心理适应、学习适应和人际适应三个方面进行考察。

就心理适应而言，“9+3”计划学生离开熟悉的家乡到异地求学深造，首先面临的挑战便是对新的学校学习和生活环境的心理适应问题。他们初到成都等地进行学习和生活，在气候、饮食、生活节奏等方面会发生显著的变化。这些因素都会给“9+3”计划学生带来不同程度的心理压力。特别地，“9+3”计划学生在民族地区读书时周边都是与其拥有相似文化背景的同学，但到成都等地中职学校就读后，由于学校普遍采取的是“混班混住”的管理方式，他们周边的同学可能与成都等地存在较大的文化背景差异，加之他们的人数相对较少，需要首先克服新环境带来的心理不适，尽快接受并适应新的学习和生活习惯。

就学习适应而言，“9+3”计划学生到成都等地的主要任务就是通过知识技能学习增加人力资本积累，进而实现高质量就业以带动家庭增收。相较于其他学生而言，“9+3”计划学生由于学习基础普遍较差，加之可能存在一定的语言障碍，在日常课程学习中显得更为吃力。同时，中等职业教育阶段与初中教育阶段存在显著差异，重点在于学生的职业技能培养以满足经济社会发展对技能型人才的需求。学习内容的转变对“9+3”计划学生也是一项较大的适应挑战。如何更好地适应新的学习环境和学习任务，主动地参与到各项学习活动当中，享受学习带来的乐趣，在一定程度上决定着“9+3”计划学生的有效收益。

就人际适应而言，“9+3”计划学生离开了熟悉的亲人、老师和朋友，在成都等地中职学校就读期间，需要重新建立自己的人际关系网。相较于民族地区，成都等地中职学校的教师和学生普遍以汉族居多。“9+3”计划学生从小接受本民族文化的熏陶，可能与成都等地的文化之间存在一定的文化距离感，导致其在建立新的人际关系网时出现困难。家人和其他来自民族地区的同学能够为“9+3”计划学生提供自发性、持续性的情感性支持（万华麒，2012）。与其他教师、同学建立良好的人际关系，获取更加多元化的情感性支持，对于“9+3”计划学生而言，不论是当期的学习和生活，还是未来留在成都等地继续工作和生活均具有非常重要的意义。

综上所述，本章将学校适应划分为心理适应、学习适应和人际适应，并结合前文对“9+3”计划学生就业能力的衡量方式，将就业能力划分为职业专业知识预期和优化，提出了如图 7-1 的“9+3”计划学生“学校适应-就业能力”模型（A-E 模型）。

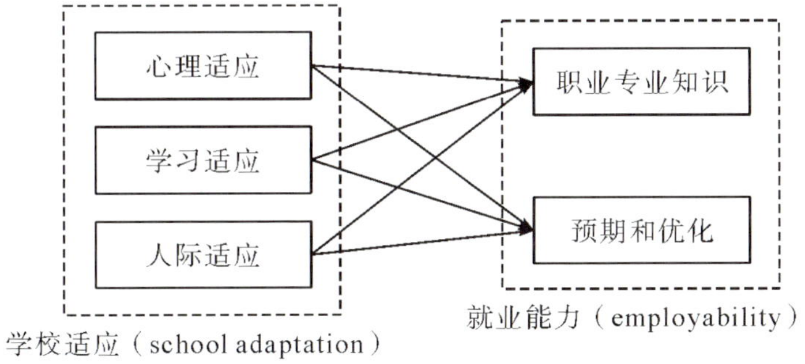

图 7-1 “9+3”计划学生“学校适应-就业能力”模型（A-E 模型）

7.2.2 研究假说

已有研究结果表明，学校适应良好的学生会更加积极地参与到学校的各项学习活动中，享受学习活动所带来的乐趣，进而显著地提升其学业成绩（Masten et al.，2010；Zhang et al.，2018）。就业能力作为中等职业教育人才培养目标的重要内容之一，考虑到学业成绩与就业能力之间存在着显著的相关性（Pan & Lee，2011；Pinto & Ramalheira，2017），因此学校适应与就业能力之间也可能存在显著的相关性。对于职业专业知识而言，“9+3”计划学生关于这一就业能力的提升途径主要是专业课程学习与实习实践。学业成绩越好的学生，在专业课程学习与实习实践方面所取得的成效越好，所掌握的职业专业知识水平也会相应地越高。需要指出的是，由于学校适应的构成维度是多元的，不同维度对就业能力的影响可能存在异质性特征。例如，学习适应作为学校适应中与学生参与专业课程学习和实习实践之间相关的维度，对职业专业知识造成的影响可能会更加显著，相应的影响效应也会更大。基于此，本章提出如下假说：

H7-1：学校适应对专业知识技能具有显著的正向影响，并且不同维度的学校适应造成的影响具有异质性特征。

H7-1a：心理适应对专业知识技能具有显著的正向影响。

H7-1b：学习适应对专业知识技能具有显著的正向影响。

H7-1c：人际适应对专业知识技能具有显著的正向影响。

对于预期和优化而言，其考察的主要是“9+3”计划学生个人以创造性方式为未来可能存在的工作变化所做的准备。在经济社会高速发展的时代，工作复杂性会日益突显，即使雇主也难以预测未来的工作内容，因此员工不得不提前安排好自己的工作和职业规划（Weick，1996）。特别是在知识密集型市场中，员工需要通过自己的努力满足劳动力市场不断提升的用工需求，而不仅仅是执行当期被安排的固定工作任务。对于“9+3”计划学生而言，他们不仅需要掌握当期的职业专业知识以在毕业后获取一份理想的工作，更重要的是需要发挥自身的主观能动性，去预测未来的发展趋势，提前做好应对措施以迎接更加艰巨的职业挑战，进而在未来具备保持工作甚至是获得更好工作的能力。这一就业能力与学校适应所代表的新环境适应能力具有较强的关联性，即学校适应性越强的学生，对职场未来变化的适应能力也相应越强。基于此，本章提出如下假说：

H7-2：学校适应对预期和优化具有显著的正向影响，并且不同维度的学校适应造成的影响具有异质性特征。

H7-2a：心理适应对预期和优化具有显著的正向影响。

H7-2b：学习适应对预期和优化具有显著的正向影响。

H7-2c：人际适应对预期和优化具有显著的正向影响。

7.3 模型构建

7.3.1 变量选择

为确保调查问卷的科学性和普适性，本章问卷量表在参考国内外成熟量表的基础上（Heijde & Van Der Heijden，2006；侯静，2013；江光荣等，2017），结合实地调研资料，对每个变量进行了题项设计（见表 7-1）。问卷共涉及心理适应、学习适应、人际适应、职业专业知识、预期和优化 5 个潜变量和 17 个观测变量。为有效获取“9+3”计划学生对上述观测变量的正面或负面评价，避免中性评价的过多出现，问卷主要测量方式采用四分量表，对应的题项选项为非常不认同、不认同、认同、非常认同，分别赋值为 1~4。其中，由于心理适应对应的题项为消极导向，为有效对应其他潜变量的数值大小，本章将心理适应对应的题项的赋值规则进行调整，将非常不认同、不认同、认同、非常认同，分别赋值为 4~1。

表 7-1 “9+3”计划学生学习动机和就业能力量表及其描述性统计

潜变量	观测变量	题项	均值	标准差
心理适应	XA1	在学校里我经常感到紧张或焦虑	2.191	0.907
	XA2	我不能很好地控制情绪	2.372	0.952
	XA3	在应付学校里的各种压力时，我遇到了很多困难	2.168	0.870
学习适应	XB1	在学习方面，我跟得上正常的教学进度	3.290	0.788
	XB2	我会主动参与课程学习的相关环节或活动（例如，课前预习、课堂听讲以及课后复习）	3.135	0.766
	XB3	我觉得学习是一件充满乐趣的事情	3.024	0.805
人际适应	XC1	我与宿舍室友相处得不错	2.955	0.785
	XC2	我对自己在学校里的社交生活感到满意	3.006	0.747
	XC3	我可以和学校里的好朋友谈我碰到的任何问题	3.185	0.686
职业专业知识	YA1	我有能力在自己的工作领域与专家进行深入讨论	2.763	0.801
	YA2	我有能力以可理解的方式为他人提供有关我的工作的信息	2.908	0.759
	YA3	我有能力为同学（同事）在面临工作方法问题时提供实际帮助	3.028	0.744
	YA4	我有能力区分主要问题和次要问题，并确定优先事项	3.004	0.749

表7-1(续)

潜变量	观测变量	题项	均值	标准差
预期和优化	YB1	我会主动花时间提高对未来职业发展有益的知识和技能	3.142	0.752
	YB2	我在制定职业生涯规划时有考虑劳动力市场未来的变化	2.985	0.773
	YB3	我能发现自己的不足，并想办法去改进	3.213	0.710
	YB4	我会有意识地运用自己新获得的知识和技能	3.215	0.738

7.3.2 研究方法

本章研究中的心理适应、学习适应、人际适应、职业专业知识、预期和优化均为难以直接测量的潜变量，并且各变量之间存在相互作用关系，因而选择结构方程模型分析“9+3”计划学生就业能力的影响因素。结构方程模型（SEM）是一种多元线性的统计建模方法，整合了因子分析、路径分析和多重线性回归分析，不仅能够处理潜变量，还适用于传导路径的研究，具有传统回归分析方法难以比拟的优势。结构方程模型由结构模型和测量模型两部分组成。其中，结构模型反映潜变量之间的关系，测量模型反映潜变量与观测变量之间的关系。具体方程形式如下：

$$\eta = \Gamma\xi + B\eta + \zeta \tag{7-1}$$

$$X = \Lambda_X\xi + \delta \tag{7-2}$$

$$Y = \Lambda_Y\eta + \varepsilon \tag{7-3}$$

（7-1）式为结构模型，η、ξ 分别表示外生潜变量和内生潜变量，Γ 表示外生潜变量与内生潜变量之间的关系矩阵，B 表示内生潜变量与内生潜变量之间的关系矩阵。(7-2) 式和（7-3）式为测量模型，X 为外生潜变量的观测变量，Y 为内生潜变量的观测变量，Λ_X 和 Λ_Y 分别表示外生潜变量和内生潜变量与各自观测变量的关系矩阵。ζ、δ 和 ε 均为误差项。本章的结构方程理论模型主要基于图 7-1，涉及的潜变量和观测变量如表 7-1 所示。

7.4 实证结果

7.4.1 描述性分析

本章通过对衡量“9+3”计划学生学校适应的三个维度变量的描述性统计分析发现，不论是心理适应，还是学习适应和人际适应，对相对应题项说法表示肯定性答复的样本学生均超过 75%。需要指出的是，用于衡量学习适应和人际适应的题项均为积极导向，表明“9+3”计划学生在日常学习和人际交往方面表现出较好的适应性，而心理适应对应的题项则为消极导向，反映出“9+3”计划学生在心理层面还未能适应学校的学习生活。“9+3”计划学生学校适应的基本统计特征描述如表 7-2 所示。

表 7-2 “9+3”计划学生学校适应的基本统计特征描述

观测变量	类别	样本量	比例/%	观测变量	类别	样本量	比例/%
XA1	非常不认同	44	9.46	XA2	非常不认同	71	18.28
	不认同	112	24.09		不认同	116	24.95
	认同	198	42.58		认同	193	41.51
	非常认同	111	23.87		非常认同	85	15.27
XA3	非常不认同	40	8.60	XB1	非常不认同	20	4.30
	不认同	101	21.72		不认同	36	7.74
	认同	221	47.53		认同	198	42.58
	非常认同	103	22.15		非常认同	211	45.38

表7-2(续)

观测变量	类别	样本量	比例/%	观测变量	类别	样本量	比例/%
XB2	非常不认同	20	4. 30	XB3	非常不认同	19	4. 09
	不认同	49	10. 54		不认同	88	18. 92
	认同	244	52. 47		认同	221	47. 53
	非常认同	152	32. 69		非常认同	137	29. 46
XC1	非常不认同	27	5. 81	XC2	非常不认同	19	4. 09
	不认同	73	15. 70		不认同	71	15. 27
	认同	259	55. 70		认同	263	56. 56
	非常认同	106	22. 80		非常认同	112	24. 09
XC3	非常不认同	13	2. 80	—	—	—	—
	不认同	48	10. 32				
	认同	243	52. 26				
	非常认同	161	34. 62				

就心理适应而言，XA1、XA2 和 XA3 的得分均值分别为 2. 191、2. 372 和 2. 168，均偏向于对题项中所给描述的认同。其中，XA1 对应的问题为“在学校里我经常感到紧张或焦虑”，选择非常不认同、不认同、认同和非常认同的学生分别有 9. 46%、24. 09%、42. 58%和 23. 87%；XA2 对应的问题为“我不能很好地控制情绪”，选择非常不认同、不认同、认同和非常认同的学生分别有 18. 28%、24. 95%、41. 51%和 15. 27%；XA3 对应的问题为“在应付学校里的各种压力时，我遇到了很多困难”，选择非常不认同、不认同、认同和非常认同的学生分别有 8. 60%、21. 72%、47. 53%和 22. 15%。

就学习适应而言，XB1、XB2 和 XB3 的得分均值分别为 3. 290、3. 135 和 3. 024，均偏向于对题项中所给描述的认同。其中，XB1 对应的问题为“在学习方面，我跟得上正常的教学进度”，选择非常不认同、不认同、认同和非常认同的学生分别有4.30%、7.74%、42.58%和45.38%；XB2对应的问题为“我会主动参与课程学习的相关环节或活动（例如，课前预习、课堂听讲以及课后复习）”，选择非常不认同、不认同、认同和非常认同的学生分别有4.30%、10.54%、52.47%和32.69%；XB3对应的问题为“我觉得学习是一件充满乐趣的事情”，选择非常不认同、不认同、认同和非常认同的学生分别有4.09%、18.92%、47.53%和29.46%。

就人际适应而言，XC1、XC2和XC3的得分均值分别为2.955、3.006和3.185，均偏向于对题项中所给描述的认同。其中，XC1对应的问题为“我与宿舍室友相处得不错”，选择非常不认同、不认同、认同和非常认同的学生分别有5.81%、15.70%、55.70%和22.80%；XC2对应的问题为“我对自己在学校里的社交生活感到满意”，选择非常不认同、不认同、认同和非常认同的学生分别有4.09%、15.27%、56.56%和24.09%；XC3对应的问题为“我可以和学校里的好朋友谈我碰到的任何问题”，选择非常不认同、不认同、认同和非常认同的学生分别有2.80%、10.32%、52.26%和34.62%。

7.4.2 问卷量表的有效性检验

调查问卷中的量表设计的质量直接关系到研究结论的可靠性和有效性，因此需要对量表进行信度检验和效度检验。本章采用克朗巴哈系数（Cronbach's α）和组合信度（CR）测度该量表的信度，采用平均方差抽取量（AVE）用于衡量收敛效度，并利用SPSS25.0和AMOS26.0软件进行数据处理。根据表7-3，各观测变量的标准因子载荷量均大于0.72，符合模型基本适配指标。各潜变量的克朗巴哈系数介于0.762~0.842，组合信度介于0.827~0.867，表明各测量变量的一致性较好，量表的信度较高。此外，各潜变量的平均方差抽取量介于0.615~0.686，表明量表的收敛效度较好。综上所述，本章的“9+3”计划学生学校适应和就业能力量表具有较高的信度和效度，可进入下一步分析。

表7-3 “9+3”计划学生学校适应和就业能力的信度和聚合效度检验结果

潜变量	观测变量	因子载荷	克朗巴哈系数（Cronbach's α）	组合信度（CR）	平均提炼方差（AVE）
心理适应	XA1	0.840	0.767	0.857	0.666
	XA2	0.805			
	XA3	0.803			
学习适应	XB1	0.813	0.762	0.827	0.615
	XB2	0.809			
	XB3	0.728			
人际适应	XC1	0.838	0.815	0.867	0.686
	XC2	0.846			
	XC3	0.799			
职业专业知识	YA1	0.722	0.842	0.842	0.571
	YA2	0.743			
	YA3	0.782			
	YA4	0.774			
预期和优化	YB1	0.751	0.806	0.807	0.512
	YB2	0.656			
	YB3	0.732			
	YB4	0.719			

7.4.3 模型整体适配度检验

本章根据“9＋3”计划学生 A－E 理论模型与样本数据，运用 AMOS26.0 软件对结构方程进行拟合。为提高模型的拟合优度，本章根据协方差修正指数 MI，按照每次释放一个参数的原则，并结合变量方差之间的合理共变关系依次对模型进行修正，相继增加了 4 条残差路径。修正后的“9+3”计划学生 A-E 模型的优化路径如图 7-2 所示。

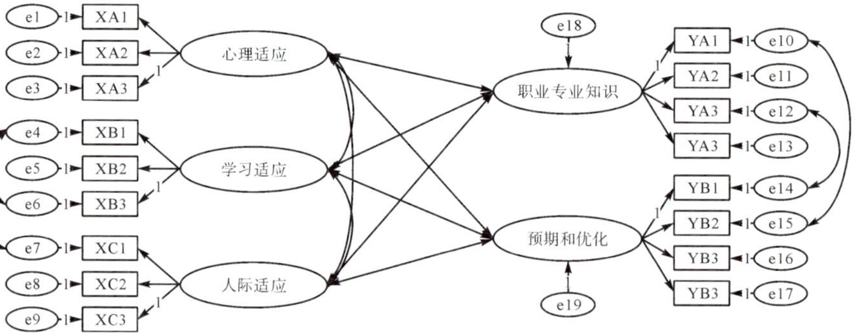

图 7-2 修正后的“9+3”计划学生 A-E 模型的优化路径

整体模型适配度检验结果如表 7-4 所示。除卡方值（CIMN）的检验结果并不理想外，其他适配度指数均达到模型可接受标准。卡方值容易受到样本量大小的影响，当样本量超过 200 时还应参考其他适配度指标（吴明隆，2010）。综上所述，修正后的结构方程模型具有良好的拟合度，基本通过整体模型适配度检验，能够确保估计结果具有较强的可靠性。

表 7-4 整体模型适配度检验结果

指标	符号	适配标准或临界值	结果值	适配判断
卡方值	CMIN	显著性概率值 $p>0.05$	0.000	否
适配度指数	GFI	>0.90	0.950	是
残差均方和平方根	RMR	<0.05	0.031	是
规准适配指数	NFI	>0.90	0.933	是
相对适配指数	RFI	>0.90	0.914	是
增值适配指数	IFI	>0.90	0.966	是
非规准适配指数	TLI	>0.90	0.955	是
比较适配指数	CFI	>0.90	0.965	是
临界样本数	CN	>200	291	是

7.4.4 结构方程模型结果分析

基于最大似然估计法的结构方程模型估计结果如表 7-5 所示。根据表 7-5，用于衡量学校适应的不同维度变量对就业能力产生的影响具有相似特点，心理适应和学习适应均具有正向影响效应。此外，对于用于衡量就业能力的不同变量而言，心理适应、学习适应和人际适应对其产生的影响又表现出一致性特点。上述结果证实假说 H7-1 和 H7-2 成立。

表 7-5 结构方程模型估计结果

影响路径	路径系数	标准误差	p 值	结果
心理适应→职业专业知识	0.862	0.479	0.072	接受
学习适应→职业专业知识	2.046	0.769	0.010	接受
人际适应→职业专业知识	-0.241	0.339	0.478	拒绝
心理适应→预期和优化	0.930	0.350	0.008	接受
学习适应→预期和优化	1.604	0.560	0.004	接受
人际适应→预期和优化	-0.012	0.244	0.962	拒绝

心理适应对职业专业知识以及预期和优化均能产生正向影响，并且相关结果分别在10%和1%的显著性水平下显著，表明心理适应性越强的学生，在以职业专业知识、预期和变化为代表的就业能力表现上越好。这一结果验证了假说H7-1a和H7-2a。诚然，应对由文化、饮食、生活节奏等方面变化带来的心理压力是“9+3”计划学生在适应新环境过程中难以避免的挑战。如何更快、更好地渡过这段难熬的心理适应期，进而以更加积极的态度迎接未来的学习和生活对“9+3”计划学生提高自身就业能力具有重要意义。根据表7-1和表7-2中的结果，相较于学习适应和人际适应，“9+3”计划学生在心理适应方面所取得的成效并不理想，多数学生仍处于心理适应较差的状态，需要引起相关部门的关注。

学习适应对职业专业知识、预期和优化均能产生正向影响，并且相关结果均在1%的显著性水平下显著，表明学习适应性越强的学生，在以职业专业知识、预期和变化为代表的就业能力表现上越好。这一结果验证了假说H7-1b和H7-2b。虽然相较于其他学生而言，“9+3”计划学生在入学之初时的学习基础并不牢固，并且面临着语言障碍等不利因素，学习成绩并不理想。但是，从前文的描述性统计分析结果来看，“9+3”计划学生在经过3年的学习和生活后，对当期的学习适应较好，普遍反映能够主动参与到课程学习、跟上正常的教学进度，并享受到相应的学习乐趣。考虑到学习适应对就业能力的影响效应系数最大，显著性最强，我们有理由相信当期的“9+3”计划毕业生能够具备较强的就业能力。

人际适应对职业专业知识以及预期和优化均能产生负向影响，但相关结果并不具有统计学显著性意义，表明人际适应性越强的学生，在以职业专业知识、预期和变化为代表的就业能力表现上并不具有显著优势。这一结果拒绝了假说 H7-1c 和 H7-2c。根据表 7-1 和表 7-2，多数“9+3”计划学生在新的环境中已经建立起较为稳定的人际关系网，并且能够从中获取较为充足的情感性支持。但是，这一积极结果并未能有效地转化为就业能力的提升。可能的原因在于，人际适应作为“9+3”计划学生学校适应的重要组成内容，在一定程度上代表着学生处理人际关系的能力，但这与就业能力并没有直接关联性。例如，对学习不感兴趣的学生虽然在职业专业知识学习方面难以取得好的成绩，但这并不影响其与身边的同学、老师打成一片。

7.5 结论与讨论

“9+3”计划学生离开熟悉的家人、老师和朋友，到成都等地接受中等职业教育，需要对新的学习生活环境进行适应。受饮食、文化、生活节奏等因素变化的影响，“9+3”计划学生对新环境适应的过程可能并不轻松。本章通过对“9+3”计划学生学校适应的维度解构，构建了 A-E 模型，并经整体适配度检验后发现，修订后的模型具有较为理想的拟合优度。在此基础上，本章基于四川省调查数据，利用结构方程模型分析了“9+3”计划学生学校适应对其就业能力的影响，得到以下研究结论：

第一，本章通过描述性统计分析发现，“9+3”计划学生的学校适应情况整体表现良好，但在不同的学校适应维度仍存在较大的异质性特征。其中，“9+3”计划学生在心理适应方面的表现并不理想。有超过一半的学生表示会经常感到紧张或焦虑，不能很好地控制情绪，并在应对学校里的各种压力时遇到了很多困难。导致“9+3”计划学生心理适应表现不佳的原因可能是多元的，但由文化差异导致的不适应性作为其主要原因，得到了部分学者的一致认同。正如还格吉（2017）所述，“9+3”计划学生从小到大保持的生活习俗、宗教信仰以及日常伦理道德等已深入其骨髓，在短期内很难有所转变。这一差异的存在，可能会显得“9+3”计划学生与其他学生相比显得格格不入，对其造成巨大的心理压力。庆幸的是，在学校适应的其他两个衡量维度——学习适应和人际适应方面，“9+3”计划学生的表现较为理想。

第二，学校适应对“9+3”计划学生就业能力具有显著的影响，但不同维度的学校适应所造成的影响具有异质性特征。其中，心理适应和学校适应对“9+3”计划学生的就业能力均具有显著的正向影响，并且学校适应造成的影响效应更大、更显著。就业能力是一种关键的个人资源，能够帮助人们以更大的信心面对不断变化的劳动力市场（Di Fabio & Kenny，2015）。不论是心理适应能力还是学习适应能力，都是“9+3”计划学生在面临新的学习和生活环境时，需要得到不断强化和提升的。加之这两类适应能力与学习活动参与具有较强的关联度，因此适应情况越好的学生，往往在就业能力方面的表现越好。相较而言，人际适应作为学校适应的重要组成部分，对就业能力的影响并不显著。当然，这一结果并未否认人际适应对“9+3”计划学生的重要性。特别是对于未来愿意留在成都等地工作的“9+3”计划学生而言，如何在新的环境中更快地建立自己的人际关系网，对其更好地适应成都等地工作和生活具有重要意义。

8 “9+3”计划学生的就业问题与反思

8.1 “9+3”计划学生的就业难题

8.1.1 就业稳定性不足

就业稳定性是指劳动力与工作岗位的匹配程度，是衡量就业质量的重要指标（Mortensen，2011）。劳动力的人力资本与工作岗位所需要的技能水平能够实现较好的匹配，劳动力就能够在获得理想报酬的情况下实现生产效率的最大化，因此劳资双方都具有强烈的意愿维持雇佣关系，实现稳定的就业状态。对于“9+3”计划而言，要实现“职教一人、就业一个、脱贫一家”的预期政策目标，除考核毕业生初次就业率外，还需要进行持续的跟踪调查，将就业稳定性纳入考核当中。然而，根据郑涛等（2018）针对15所学校的调查，55.1%的“9+3”计划毕业生在毕业后更换过工作，其中8.7%的学生更换了两次及两次以上工作，并且几乎每个学校都有学生在实习阶段便更换了六七家工作单位的情况出现，表明“9+3”计划毕业生的就业稳定性表现并不理想。

“9+3”计划毕业生就业稳定性不足既表现出群体同质性特征，也具有个体异质性特点。就前者而言，如畜牧兽医、水电站工程等专业的“9+3”计划毕业生，由于专业对口的工作单位所在地点远离城市，相应的生活环境条件较为艰苦，并且与临床护理、学前教育等专业毕业生所享受的社会地位和工作待遇相比未有显著的优势，甚至在一些方面还略显劣势，导致这部分学生心理落差较大，无故离岗、脱岗等现象较为严重；就后者而言，由于“9+3”计划毕业生在工作能力、文化融入等方面仍具有一定的进步空间，加之部分学生的自我约束能力不足，到达新的工作单位后未能及时将学生身份转变为员工身份，容易与用人单位的同事发生口角甚至冲突，给用人单位的管理者带来较大的麻烦，导致部分学生要么选择主动辞职，要么面临被动辞退。

8.1.2 返乡就业比例过高

由于民族地区产业转型升级发展相对滞后，能够给“9+3”计划学生提供的合适的工作岗位数量相对有限，因此“9+3”计划在实施之初，便提出以“成都等地就业为主，民族地区就业为辅”的就业导向，并与成都等地优质企业开展合作以创造就业机会，鼓励有意愿的毕业生留在成都等地实现就业。例如，2011 年 5 月 19 日，四川省国资委牵头组织省属企业主管部门和省属企业召开省属企业“9+3”免费教育计划学生就业促进工作会议，提出省属企业是促进“9+3”计划学生就业的实施主体和责任主体，“一把手”负总责，要制订具体工作方案，细化工作措施，积极提供就业岗位，及时报送信息，制订工作预案，加强对后续服务管理工作，切实抓好各项工作落实[①]。但就实际情况来看，“9+3”计划毕业生返乡就业的人数占比仍然较高。在本次抽样调查的465名“9+3”计划学生中，对返回家乡工作持积极意愿的占比高达72.26%。这一结果与郑涛等（2018）关于2012届、2013届、2014届“9+3”计划毕业生就业调查结果相似。这也说明，相较于“9+3”计划实施之初的前几届毕业生，当期“9+3”计划学生对返乡工作的意愿不但没有衰减，反而有明显增强的发展态势，与政策出台时鼓励的就业导向有较大出入。

“9+3”计划毕业生选择返乡就业，在一定程度上为民族地区同步实现现代化建设提供了充足的人力资源保障，但返乡人数过多也会产生不利的影响。“9+3”计划毕业生的专业背景不仅有面向民生需求的专业，如学前教育、临床护理等，也有面向产业发展的专业，如电子信息工程技术、计算机网络技术、数控技术等。但民族地区产业转型升级发展相对滞后，特别是在第二产业和第三产业方面，所能提供的就业岗位相对有限。大量的“9+3”计划毕业生返乡就业不仅给当地的就业市场带来巨大的岗位供给压力，并且与当地中职学校的毕业生形成就业竞争，加剧了当地就业市场的供需不平衡难题。更重要的是，在激烈的就业竞争压力下，部分“9+3”计划毕业生难以找到合适的工作机会，无法满足家长对“9+3”计划的美好期待，进而严重影响了“9+3”计划的良好声誉，对“9+3”计划的招生工作带来了较大阻碍。

---

① 相关内容来源于四川省人民政府网站四川省国资委召开省属企业涉藏地区“9+3”免费教育计划学生就业促进工作会议，具体参见：http://www.sc.gov.cn/10462/10883/11066/2011/5/25/10162918.shtml？cid=303。

8.2 “9+3”计划学生的就业诉求

8.2.1 就业地点：想去像成都这样的大城市

四川省各地级市先后有120多所国家示范、重点和省级重点以上的优质中职学校承担“9+3”计划学生的人才培养任务。若能够将这些学生有效地留在当地工作，不仅解决了“9+3”计划学生面临的就业难题，同时也能够为当地经济社会发展注入了更加多元化的人才活力。然而，根据本次调查结果，如表8-1所示，“9+3”计划学生毕业后想去像成都这样的大城市工作的占比最高，达到了66.45%。这充分说明了大城市对“9+3”计划学生的就业吸引力，与现有关于其他学生的就业选择偏好调查结果相符合（岳昌君和邱文琪，2019）。毕业后希望在类似自贡、攀枝花这样的中小城市就业的学生仅占24.09%，还有9.46%的学生希望返回农村就业。此外，笔者通过对学校所在地的就业吸引力调查发现，对优先考虑学校所在地进行就业持“非常不愿意”和“不愿意”态度的学生分别占比50.11%和11.40%，而在持肯定意愿的学生样本中，多数样本的学校所在地为成都。这进一步说明，相较于农村和中小城市而言，类似成都这样的大城市对“9+3”计划学生具有较强的就业吸引力。这一结果与已有调查较为相似。根据智联招聘发布的《2019年职业教育人才就业景气度报告》，职业教育人才有进一步向二线以上城市集聚的趋势。其中，新一线城市、一线城市、二线城市的职业教育人才占比分别为33.36%、22.65%、21.81%①。

① 相关内容来源于人民网《报告显示：职业技能人才就业景气度持续走高》，具体参见：http://edu.people.com.cn/n1/2019/0801/c1053-31269193.html。

表 8-1 样本学生关于就业地点偏好问题的回答分布情况

题项	类别	样本量	比例/%
是否愿意优先考虑学校所在地进行就业	非常不愿意	53	11.40
	不太愿意	233	50.11
	比较愿意	141	30.32
	非常愿意	38	8.17
最希望毕业后在什么地方工作和生活	农村	44	9.46
	类似自贡、攀枝花这样的中小城市	112	24.09
	类似成都这样的大城市	309	66.45

8.2.2 就业去向：继续升学深造的需求提升

在四川省委、省政府的高度重视和统一部署下，各级党委政府、相关部门和企业积极响应，建立了学生自主择业、学校指导就业、企业吸纳就业、继续升学深造以及选征优秀学生入伍和基层机关事业单位招录（聘）等多通道、立体化的“9+3”计划就业促进体系。特别是在“9+3”计划实施之初，各级党委政府、相关部门和企业针对“9+3”计划学生进行招录（聘）名额单列，为促进“9+3”计划毕业生实现高质量就业提供了坚实保障。根据成都市温江区对本区 2009 级至 2014 级学生的就业去向统计结果，“9+3”计划学生就业去向已呈现出变化趋势。如表 8-2 所示，“9+3”计划毕业生的主要就业去向包括事业单位、国有企业、“三州”（阿坝州、甘孜州、凉山州，下同）干部、高职单招升学等，并且随着毕业时间的推移，不同就业去向的学生占比发生了明显的变化。具体而言，受益于各级党委政府、相关部门和企业的就业政策帮扶，事业单位、“三州”干部和国有企业在 2009 级至 2011 级“9+3”计划毕业生的就业去向中占有一定比重，但随着就业政策帮扶力度的下降，“9+3”计划学生选择上述三个就业方向的难度越来越大，以至于在2014级已无学生录取。参军入伍作为“9+3”计划学生的主要就业去向之一，在2011级和2012级毕业生中占比分别为10.54%和13.62%，但自此也呈现出逐步递减趋势。相较而言，选择高职单招升学的“9+3”计划毕业生占比呈逐年递增趋势，在2014级毕业生中占比已达到31.96%。

表8-2 成都市温江区“9+3”计划学生就业去向统计情况

毕业年级	事业单位		“三州”地区干部		国有企业	
	数量	占比/%	数量	占比/%	数量	占比/%
2009级	90	25.71	28	8.00	29	8.29
2010级	65	15.22	6	1.41	29	6.79
2011级	33	7.73	2	0.47	29	6.79
2012级	10	2.57	7	1.80	4	1.03
2013级	4	1.69	0	0	0	0
2014级	0	0	0	0	0	0
合计	202	9.98	43	2.12	91	4.50
毕业年级	高职单招升学		参军入伍		其他	
	数量	占比/%	数量	占比/%	数量	占比/%
2009级	0	0	12	3.43	191	54.57
2010级	14	3.28	38	8.90	275	64.40
2011级	47	11.01	45	10.54	271	63.47
2012级	52	13.37	53	13.62	263	67.61
2013级	41	17.30	6	2.53	186	78.48
2014级	62	31.96	8	4.12	124	63.92
合计	216	10.67	162	8.00	1 310	64.72

为进一步了解近期“9+3”计划学生的就业方向偏好，本书进行了补充性问卷调查。根据图 8-1，在 465 个学生样本中，有 180 名学生选择继续升学作为毕业后的理想就业去向，占比达到 38.71%。这一结果与成都市温江区“9+3”计划学生就业去向的统计结果相符，表明中等职业教育可能已难以满足多数“9+3”计划学生的教育需求。随着就业市场竞争程度的加剧，学历提升的重要性日益突显。正如第 6 章中关于学习动机的分析结果，以“为了以后能得到一份更有声望的工作”“因为我以后想要过更加美好的生活”为代表的外部调节动机已成为“9+3”计划学生求学的主要动机之一。在中等职业教育难以满足学生对更高质量就业机会的需求时，继续升学便成为当期热门的选择。进入体制内工作仍然是部分学生的理想选择，选择党政机关/国有事业单位、国有企业/集体企业的学生分别占比为 15.48% 和 20.43%。此外，选择私营/外资企业、自主创业和参军的学生分布较为均衡，分别为 5.38%、8.17% 和 11.83%。

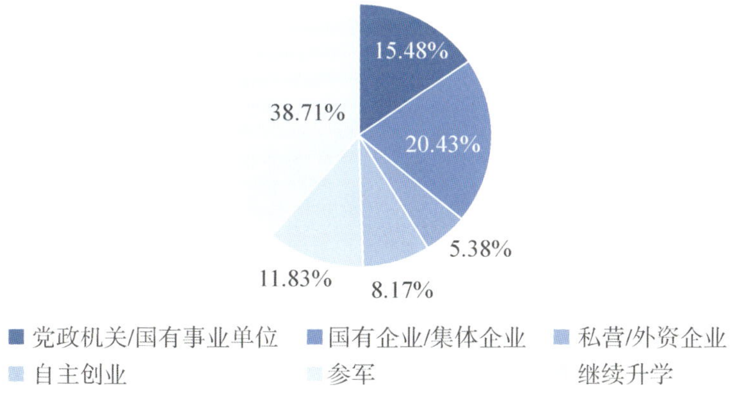

图 8-1　样本学生关于“毕业后的理想就业去向”的回答分布情况

8.2.3 专业选择：不愿从事专业相关的工作

根据《教育部关于进一步深化中等职业教育教学改革的若干意见》（教职成〔2008〕8号）的规定，中等职业教育坚持以就业为导向的办学方针，突出职业道德教育和职业技能培养，以此适应经济社会发展对高素质劳动者和技能型人才培养的要求。相较于普通高中学生而言，中职学生在校所学的知识技能更具专业性特点。然而，本次调查结果显示（见图8-2），有超过80%的“9+3”计划学生在毕业后不愿意继续从事与所学专业相关的工作。其中，表示不太愿意和非常不愿意的学生占比分别为60.64%和22.80%。这表明，大多数“9+3”计划学生对其所学专业并不感兴趣，甚至存在厌恶情绪，存在较为普遍的学生错选专业问题。一方面，选错专业会导致学生产生厌学情绪，难以激发学生的内生学习动力，导致教育结果大打折扣，不利于学生就业能力的提升；另一方面，考虑到承担“9+3”计划人才培养任务的学校均为国家示范、重点和省级重点以上的优质中职学校，而教育资源错配问题不仅会造成学生时间的低效利用，不利于“9+3”计划预期政策目标的达成，还会造成优质教育资源的浪费，不利于社会整体福利水平的提升。

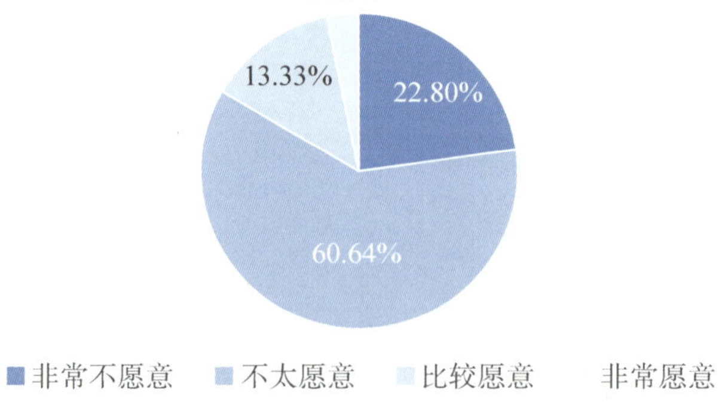

图8-2 样本学生关于“是否愿意继续从事所学专业相关工作”的回答分布情况

8.3 “9+3”计划学生的就业难题的反思

8.3.1 学历水平与就业预期之间的矛盾

在“9+3”计划实施之初，未选择继续升学的初中毕业生由于自身人力资本积累有限，加之民族地区能够提供的合适的就业机会相对较少，造成了当地较为严峻的青年就业问题。因此通过将初中毕业生送到成都等地接受中等职业教育，不仅能够让这些学生有机会进一步提升自身人力资本积累，以便在未来拥有更多的就业选择，并且能够让这些学生走出民族地区，拓展自身见识，主动迎接机会更多的就业机会。然而，“9+3”计划自2009年正式实施以来已逾10年，当前的就业市场已发生天翻地覆的转变。特别是在学历要求方面，中等职业教育在一定程度上已难以满足部分单位的用人需求，倒逼着“9+3”计划学生进一步提升学历水平。当然，这一趋势不仅出现在“9+3”计划学生中，在其他中职学生中也较为突显，“升学热”潮愈演愈烈。例如，根据高凡修（2015）对15所中等职业学校应届毕业生的调查，近六成学生明确表示愿意继续求学深造，并且还有两成学生处于“说不准”的犹豫状态。此外，这种趋势在一些发达国家的职业教育发展中也有所表现。例如，李俊和穆生华（2021）通过对比丹麦、瑞典、挪威和芬兰四个北欧国家的职业教育发展发现，虽然这四个国家的职业教育发展存在一定的差异，但也有较强的发展共性，表现为就业属性减弱、升学特性逐渐突出。

我国已进入高等教育普及化阶段。“十三五”期间，全国各类高等教育在学总规模达4 002万人，高等教育毛入学率达到51.6%。2016—2019

年，高校毕业生累计达 3 200 多万人，中高职毕业生累计达 3 400 多万人。2019 年劳动年龄人口平均受教育年限达 10.7 年，新增劳动力中有 50.9% 接受过高等教育[①]。在这一背景下，学历水平虽然不能够完全代表一个人的能力，但已成为就业市场上用人单位进行人才筛选的重要信号工具。一方面，随着就业压力的逐渐增强，优质的就业岗位往往是供不应求，而学历水平是较为容易量化的用人要求指标，有利于用人单位在短时间内筛选出合适的候选人，提高相应的工作效率；另一方面，随着专业知识升级的持续加速，就业市场对人才的需求已不再局限于求职者当期的能力表现，而更加看重其应对专业知识升级所具备的学习能力。当然，识别个人学习能力的途径是多元化的，但学历作为其中最为容易识别的途径之一，受到用人单位的广泛使用。

对于多数“9+3”计划学生而言，虽然在成都等地的求学经历能够帮助他们实现人力资本的进一步积累，但要在竞争压力逐年提升的就业市场上获取心仪的职位，仅仅依靠中等职业教育学历可能是不够的。2018 年，四川省对“9+3”计划进行创新，提出开展“9+5”免费教育试点，定向招收 45 个深度贫困县有意愿且符合条件的初中毕业生，录取后到成都等地免费就读五年制高职教育。然而，这一政策创新的实际绩效表现如何，仍待进行深入探讨。根据前文中提到的高凡修（2015）的调查，对于其他表示“不愿意”的学生，他们的理由也多为高职毕业生在就业市场上竞争力不强、就业状况不容乐观。从目前的就业形势来看，即使是继续升学接受

① 相关内容来源于中央纪委国家监委网站《我们的“十四五”｜从“零的突破”到高等教育进入普及化阶段》，具体参见：https://www.ccdi.gov.cn/yaowen/202011/t20201107_229578.html。

高等职业教育，“9+3”计划学生毕业后仍然面临着严峻的就业竞争压力。因此，为应对就业市场内卷下的学历焦虑问题，相关部门一方面要打通“9+3”计划学生的升学渠道，进行相关政策的进一步探索尝试；另一方面要确保“9+3”计划学生的就业能力能够切实得到提高，特别是在职业专业知识、预期和优化两个方面，避免形成为学历而读书的不良风气。

8.3.2　就业保障与市场机制之间的矛盾

为做好就业促进工作，四川省委、省政府出台专门文件，通过学生自主择业、学校指导就业、企业吸纳就业、继续升学深造以及选征优秀学生入伍和基层机关事业单位招录（聘）等途径，促进“9+3”计划学生实现就业创业。例如，在企业吸纳就业方面，“9+3”计划学生就业促进工作领导小组的各成员单位按照责任分工，多路径开发就业岗位，挖掘国有企业特别是大中型国有企业内部的就业潜力，努力为“9+3”计划学生提供合适的就业机会；在基层机关事业单位招录（聘）方面，四川省委组织部、省人社厅、省教育厅、省公务员局于2012年4月下发公告，针对“9+3”计划学生进行招录（聘）名额单列。在一系列行政干预措施下，“9+3”计划毕业生，特别是前几届毕业生的就业质量得到了有效保障，使得“9+3”计划在民族地区赢得了较好的口碑。

然而，“9+3”计划学生是否能够实现高质量就业，本来应该由就业市场所决定，而不是凭借行政干预提供持续保障。一方面，行政干预措施虽然能够保障“9+3”计划毕业生通过单招等方式获得理想的工作，进而实现政策预期目标，但各级机关事业单位、国有企业等能够提供的就业岗位是有限的。随着“9+3”计划毕业生人数的持续增加，即便是再强有力的行政干预措施，也难以创造出足够的就业岗位以容纳这些毕业生，他们迟早还是要走向就业市场，凭借自身实力找到适合自己的工作。另一方面，在优质就业岗位相对有限的情况下，“9+3”计划毕业生通过单招等方式获得的就业机会，在一定程度上可看成对其他毕业生就业机会的不合理“挤出”。同样是接受了中等职业教育，甚至是接受了高等教育的应聘者，他们失去工作机会的原因不是因为自身能力不行，而是行政干预下的被迫“让位”。这不仅不利于就业市场的规范化运行，导致工作岗位与人员的不匹配，还容易引起社会矛盾，造成其他利益相关者对“9+3”计划的不满情绪。可以看出，通过行政干预措施保障“9+3”计划毕业生的就业质量，既不具备合理性和可持续性，还容易引发不必要的社会矛盾。因此，解决“9+3”计划学生的就业难题，还是应该从人才培养环节入手，政府不能过多干预就业市场机制。

8.3.4 工资收入与就业诉求之间的矛盾

让“9+3”计划学生到成都等地接受中等职业教育，既能利用成都等地优质的中等职业教育资源，弥补民族地区职业教育发展的短板，又能利用成都等地广阔的就业市场，为“9+3”计划学生提供更多的就业机会，使他们留在成都等地工作和生活。要实现上述政策预期目标，不仅需要“9+3”计划学生具备较强的就业能力，在竞争日益激励的就业市场中脱颖而出，并且还要确保他们具有留在成都等地的意愿，同时还需要具备一定的物质条件以支撑他们在成都等地安居乐业，过上比在家乡更加舒适的生活。换言之，“9+3”计划学生要留在成都等地工作，不仅需要有一定的就业能力和留居意愿，还需要有足够的物质基础。但对于大多数具有留居意愿的“9+3”计划学生而言，往往是经济压力迫使他们作出返回家乡的选择。

相较于其他学生而言，“9+3”计划学生的家庭经济条件普遍较差，难以为他们留在城市安居乐业提供相应的物质支持，甚至可能还需要他们工作后承担一定的家庭经济压力。由于“9+3”计划的承担学校大多位于条件较好的城市，加之学费全免且享有生活补助，“9+3”计划学生几乎没有经济压力，容易滋生对大城市的盲目追捧，而就业后高昂的生活成本使得这部分人被大城市“挤出”（郑涛等，2018）。在对“9+3”计划毕业生进行电话回访的过程中，部分受访者表示“虽然成都等地工资水平比家乡要高，但相应的消费水平也高，工资收入仅能勉强支撑基本的生活支出需求，要想买房留下来生活简直是天方夜谭”。以自贡市为例，根据《自贡市中等职业教育质量年度报告（2020年）》，中职毕业生初次就业（税后）工资主要分布在2 001~3 000元/月，年收入均值为33 288元，低于同年的城镇居民人均可支配收入36 622元。同时，根据安居客的调查数据，自贡市2019年12月的房价均值为5 975元/平方米。若没有家庭的支持，这一房价水平无疑对当地包括“9+3”计划学生在内的中职学生而言是难以承担的。

根据前文对“9+3”计划学生就业地点的选择偏好分析，多数学生表示愿意到类似成都这样的大城市。诚然，大城市拥有更加丰富的文化娱乐活动以及公共基础设施配套，但相应的生活成本会更高。在经过一段时间的工作和生活后，无法看到在城市留下去的希望，加之“9+3”计划学生普遍存在的故土情怀，导致他们离开成都等地返回民族地区工作的意愿日益增大。然而，即便是回到民族地区，他们也会面临就业竞争压力、生活经济压力等严峻考验。因此，相关部门除了提高“9+3”计划学生就业能力外，还需要结合工资收入、生活成本等一系列因素，系统地研究清楚“9+3”计划培养的学生应该从事怎样的工作、可以在哪里安居乐业等问题，而不是简单地按照传统的人才培养方案，让学生拿到毕业证后便交由市场任其自由发展。

8.3.4　民族性特征与标准培养之间的矛盾

一般而言，“9+3”计划学生在学习基础上与成都等地学生存在较大的差距，仅凭借学习成绩与成都等地学生在就业市场上进行直接竞争，必然会处于竞争劣势。“9+3”计划学生来自民族地区，均具备一定的民族性特征。有效地发挥他们的这些民族性特征，将其转化成为比较优势和增量价值，实现与成都等地学生的错位竞争，不仅有利于他们获得更加优质的工作机会，并且能够进一步满足就业市场对人才的多样化需求。从目前看来，中职学校结合“9+3”计划学生民族性特征所进行的人才培养模式创新仍然较少，多数精力用在“9+3”计划学生管理模式的创新，以保证他们能够顺利接受并完成中等职业教育。

人才培养方案直接体现职业教育与学生发展的关联。按照理想状态，中职学校应该设置符合民族地区学生的共性需求与个性特点的人才培养方案，将这些学生的比较优势最大限度地转化为就业竞争力，抑或是结合民族地区经济社会发展实际，培养符合民族地区产业转型升级发展需求的人才。然而，大部分承担“9+3”计划的中职学校的人才培养方案并没有进行优化调整，而是沿用传统的人才培养方案，让“9+3”计划学生与成都等地学生进行同班就读，放在同一赛道上进行直接竞争。不难理解，为“9+3”计划学生进行专项人才培养方案调整，需要耗费大量的人力和物力，但每个学校接收的“9+3”计划学生数量有限，并且分布在不同的专业，相应的调整效益并不突出。特别地，“混班混住”的管理方式虽然在一定程度上有利于“9+3”计划学生更快地适应成都等地的学习和生活环境，但由于学习基础差距的存在，“9+3”计划学生往往难以跟上统一的教学进度。在实地调研过程中，有学生表示“虽然自己对专业课程具有较高的兴趣，但由于老师讲的内容好多都听不懂，而同班同学都能跟上进度，自己感觉非常受挫”。若不能有效地解决民族性特征与标准培养之间的矛盾，不仅不利于“9+3”计划学生自身比较优势的突显，甚至会让他们在与其他学生的同一赛道上逐渐掉队。

9 “9+3”计划的整体评价与优化建议

9.1 “9+3”计划的整体评价

9.1.1 “9+3”计划的当期绩效基本符合预期

作为国家教育改革重大试点项目，“9+3”计划创新了民族地区脱贫攻坚的实践路径，为贫困家庭子女开启希望之门。截至2019年年底，“9+3”计划累计招收四川省涉藏地区学生逾5万人，彝族聚居区学生约3万人。在上述政策惠及的家庭中，来自偏远、贫困地区的占90%以上，入学时家庭人均年收入低于2 800元的占80.3%，建档立卡贫困家庭占到17%以上，覆盖四川省全部深度贫困县所有乡镇和行政村。同时，“9+3”计划还夯实了民族地区现代化建设的人才基础。民族地区青少年走出大山牧区，与成都等地青少年“混班混住”，增进相互了解，让“9+3”计划学生真切感受到中华民族大家庭的温暖，成为国家统一、民族团结的坚定维护者和践行者。这些学生还给民族地区带来了新的思想观念、新的生活方式和新的社会风尚，并且有效遏制了违法乱纪、打架斗殴等事件的发生，大幅降低了安全隐患，奠定了民族地区长治久安的社会基础。

当然，四川省“9+3”计划开始实施已逾10年，部分政策内容未能跟随经济社会发展进行同步更新，在实践过程中出现学生就业质量不足、专业设置有待优化等问题是难以避免的。考虑到“9+3”计划不仅具有显著的经济效应，为促进家庭增收提供了充盈动力，并且具有较强的社会效应和政治效应，是推进民族地区精神文明建设和长治久安的重要保障，发挥着多元化作用。更重要的是，“9+3”计划获得了学生较高的满意评价，在促进学生职业专业知识、预期和优化等就业能力的提升方面取得了较为显著的成效，并且绝大多数学生在毕业后能够获得不错的工作机会或继续升学深造，基本完成了“9+3”计划出台的政策初衷。因此，“9+3”计划能够从四川省层面统筹职业教育资源，实现大规模的异地培养模式，无论是在教育普及还是教育成效方面都是值得肯定的，对其他地区推进中等职业教育发展具有重要的借鉴价值。

9.1.2 “9+3”计划的实施符合新时代发展需要

当前，我国脱贫攻坚战已取得全面胜利。确保脱贫基础更加稳固、成效更可持续，需要接续做好巩固拓展脱贫攻坚成果同乡村振兴的有效衔接工作。人才是第一资源，脱贫攻坚离不开人才攻坚，乡村振兴更需要人才振兴。习近平总书记强调，“在全面建设社会主义现代化国家新征程中，职业教育前途广阔、大有可为”①。职业教育作为培养高素质乡村技术人才的基础性工程，是做好巩固拓展脱贫攻坚成果、加快推进乡村振兴发展的重要支撑。发展中等职业教育是西部地区普及高中阶段教育的主攻方向，

① 相关内容来源于教育部门户网站《职业教育前途广阔大有可为》，具体参见：http://www.moe.gov.cn/jyb_xwfb/xw_zt/moe_357/2021/2021_zt04/mtbd/202104/t20210429_529103.html。

也是加快西部地区人力资源开发、促进西部地区农民脱贫致富的优先选项和关键之举（瞿连贵和石伟平，2019）。

近年来，民族地区职业教育事业发展取得了显著成效，但与职业教育事业较为发达的地区相比仍具有一定的差距。为巧借职业教育事业较为发达的地区的优质职业教育资源以缩小这一差距，四川省出台了“9+3”计划。“9+3”计划通过组织民族地区初中毕业生前往成都等地接受中等职业教育，能够有效地帮助他们加快实现自身人力资本积累，进而获得高质量就业机会，成为带动家庭增收的主要动力。部分“9+3”计划学生毕业后选择返回民族地区，能够为民族地区经济社会发展提供更加丰富的人力资源保障。可以看出，“9+3”计划不仅在个体层面有利于民族地区学生自身发展，在家庭层面有利于促进家庭增收，并且在区域层面为民族地区同步实现现代化提供了坚实的人才保障。总体来说，“9+3”计划的实施符合新时代发展需求，在未来仍需得到坚持。

9.1.3 “9+3”计划的政策时滞性与创新性并存

“9+3”计划巧借成都等地优质的职业教育资源，有效补齐了民族地区职业教育事业发展短板。加之免除学费、就业帮扶、学历认可等优惠措施，“9+3”计划在很长一段时间内保有充足的政策活力。但在“9+3”计划实施已逾10年之际，针对政策内容本身的优化调整速度相对较慢，难以跟上我国职业教育事业发展的整体步伐。例如，针对“9+3”计划学生及承担相关工作任务学校的资助政策尚未进行过调整，难以适应经济社会发展与物价水平。特别地，与“9+3”计划实施之初的2009年相比，四川省民族地区当前的中等职业教育事业，不论是在学校建设还是招生规模方面均取得了显著的进步，已能够基本覆盖当地适龄青年的职业教育需求。在与本地中职学校就读等替代性教育方案的横向比较中，“9+3”计划已难以显现出明显的优势，加之需要让学生离开故土去异地读书，导致“9+3”计划的招生难度越来越大。

当然，前文提到的免除学费、就业帮扶、学历认可等优惠措施，仅能看成“9+3”计划吸引学生与家长关注的“添头”，而“9+3”计划关于民族地区职业人才异地培养模式的实践探索，才是其政策活力源泉。伴随经济社会的快速发展，交通变得更加便利，通信变得更加快捷，推动着生产要素在区域间的高效便捷流动。在高质量发展阶段，民族地区需要立足国家制度优势、发达地区帮扶优势、自身后发优势，吸引优质生产要素集中集聚，以此推动民族地区和全国同步实现现代化。“9+3”计划培养的学生，至少会在成都等地开展为期 3 年的学习和生活。这些学生在成都等地接受过规范的职业教育，具有一定的专业知识能力。更重要的是，他们通过长期的亲身感受，了解成都等地经济社会发展规律，能够成为连接成都等地优质生产要素向民族地区转移的重要纽带。这一比较优势是本地中职学校就读等替代性教育方案无法比拟的。因此，就职业人才异地培养模式这一实践探索而言，即使过去了 10 多年，其创新性表现依然显著。

9.1.4 “9+3”计划的政策比较优势仍待激活

根据“9+3”计划的政策绩效评估结果，该项政策仍存在较大的优化空间。特别地，在关于学生忠诚度的问卷调研中，有 59.14%的学生愿意或非常愿意推荐其他家人、朋友接受中等职业教育，有 63.44%的学生愿意或非常愿意推荐其他家人、朋友到其所在学校就读。这表明，当期有

40%左右的学生对“9+3”计划的真实绩效持怀疑态度。考虑到学生忠诚度关乎着“9+3”计划未来的招生情况，如何有效提升“9+3”计划学生的获得感将是当前的重中之重。然而，多数中职学校沿用传统的人才培养方案，并未就“9+3”计划学生的共性需求与个性特点进行针对性创新，让“9+3”计划学生与成都等地学生进行同班就读，将其安排在同一赛道进行直接竞争。这不仅不利于激活“9+3”计划学生的比较优势，甚至还会放大他们的相对劣势，造成人才培养效果难以达到预期目标。

正如前文所述，“9+3”计划关于民族地区职业人才异地培养模式的实践探索，才是其政策活力源泉。然而，把民族地区学生送到成都等地接受中等职业教育，仅是这项创新实践探索的外在表现形式，更重要的是让民族地区学生能够通过成都等地的学习和生活得到与替代性教育方案不一样的收获。这便需要从“9+3”计划学生的人才培养环节着手。需要注意的是，创新“9+3”计划学生的人才培养模式，并不是对“混班混住”等学生管理方式的否定，而是要在现有学生管理方式的基础上，结合“9+3”计划学生的个性特点以及民族地区经济社会发展的人才需求，对现有课堂教学、社会实践、实习实训等环节的人才培养形式与内容进行优化调整，让民族地区学生能够更加有效地与成都等地优质职业教育资源相结合。只有充分激活“9+3”计划的政策比较优势，将其进一步转化为民族地区职业人才异地培养模式的增量价值，才能有效地将“9+3”计划学生与成都等地非“9+3”计划学生以及民族地区中职学校学生区分开来，突显“9+3”计划的人才培养成效。

9.2 政策建议

9.2.1 优化“9+3”计划人才培养模式

第一，明晰民族属性，增强办学特色。为充分发挥“9+3”计划学生的比较优势，避免与成都等地学生的同质化竞争，“9+3”计划应通过加强开展多元化教育实践活动，既要利用好成都等地职业院校在职业教育资源方面的优势，也要结合“9+3”计划学生的多元文化特点，推进办学本土化和特色化，激发学生群体的文化认同感和地域归属感，进而确保民族地区应用型技术人才能够实现有效供给。一方面，“9+3”计划根据民族地区经济社会发展趋势，面向未来劳动力市场需求，重点围绕文旅融合发展，大力开展旅游管理、文化创意、生态建设、现代农业等职业技能的培训工作，构建与民族地区产业结构相结合的人才培养模式，实现民族地区职业技术人才培养与经济社会发展的互促共生。另一方面，“9+3”计划要充分挖掘优秀民族文化资源和自然禀赋资源，跨学科开发特色课程，如民族特色手工艺、民族音乐舞蹈、民族特色餐饮等民族文化类课程以及药材种植、高原畜牧养殖、农特产品加工等生产经营类课程，突出与课程体系的差异化建设，加强培养“9+3”计划学生在就业市场上的比较优势。

第二，增强职业属性，提高就业能力。在人才培养过程中，“9+3”计划应增强职业教育属性，以学生就业能力提升、实现高质量就业为目标，根据市场需求的变化，不断优化人才培养模式。首先，承担“9+3”计划的职业院校（以下简称“9+3”计划学校）应充分利用好职业教育东西协作的发展契机，加大与东部地区职业院校的合作力度，发挥东部地区优质教育资源的辐射带动作用，让“9+3”计划学生接受到多元化的职业教育培训。其次，“9+3”计划学校应以提升学生就业能力为导向，不断深化在人才培养方面的校企合作，进一步完善顶岗实习、工学结合等人才培养方式，确保课程教育与实践教育不脱节，避免“走过场”现象，切实增强学生对专业知识和技能的实践应用能力。最后，“9+3”计划学校应持续深化在师资建设方面的校企合作，既可从专业对口的优质企业中聘请专业技术能人到学校任教，也可以外派青年教师到企业进行挂职学习锻炼，完善兼具专业知识和技术能力的教师队伍建设，确保“9+3”计划学生能够有效满足市场对人才的需求。

第三，夯实学习基础，补齐知识短板。相较于成都等地学生，“9+3”计划学生普遍存在学习基础薄弱的问题。若不对这一问题进行及时的解决，会导致“9+3”计划学生难以跟上正常的教学进度，无法获得满意的学习成绩，甚至会导致“9+3”计划学生产生厌学情绪。一方面，“9+3”计划学校应为“9+3”计划学生开设基础课程补习班，尽快夯实其学习基础。“9+3”计划学校应在“9+3”计划学生入学之初进行摸底测试，摸清学生的真实学习水平，并根据入学测试成绩，将学生分为不同的授课层次，为不同层次的学生制定具有针对性的教学策略，确保每一位学生都能够跟上课堂教学进度。另一方面，“9+3”计划学校应采取结对帮扶方式，让成都等地学生结对帮扶“9+3”计划学生。“9+3”计划学校应根据“9+3”计划学生的入学成绩，筛选成绩优秀、开朗活泼的成都等地学生与成绩相对较差的“9+3”计划学生结成“一对一”的学习伙伴关系，或者是组成学习兴趣小组，帮助他们相互鼓励、共同成长。

9.2.2 加强“9+3”计划学生适应能力培养

第一，增强文化适应能力，提升学生人际交往能力。首先，为了帮助“9+3”计划学生尽快适应成都等地生活，“9+3”计划学校应当充分尊重他们的民族文化，通过举办歌舞大赛、摄影展等活动，展示“9+3”计划学生的特长，增强其他学生对民族文化的了解，促进学生间的融合。其次，为方便学生了解少数民族文化，“9+3”计划学校应该利用校园广播站开辟少数民族语言专栏，请“9+3”计划学生担任主持人，在日常广播节目中多插入少数民族歌曲，在学校营造良好氛围，增强学生之间的感情。最后，“9+3”计划学校及班级应该建立丰富多彩的学生社团和组织，鼓励“9+3”计划学生积极参与。同时，为了提升“9+3”计划学生的人际交往能力，班主任应该在班级中组建合作学习小组，促进“9+3”计划学生主动帮助别人和寻求别人的帮助，使学生之间建立友谊，产生积极的互动和形成良好的关系。

第二，增强生活适应能力，加快适应异地生活环境。很多“9+3”计划学生在到成都等地后感到不适应，多是源于语言和生活习惯上的差异。首先，“9+3”计划学校应该为“9+3”计划学生配备“双语型”教师，设立专门的汉语学习课程，加强普通话教学，避免“9+3”计划学生因语言而造成的不适应情况的出现。其次，“9+3”计划学校及班级应该组织多种形式的集体活动，增进学生之间的交流，如通过班会、艺术节和节庆晚会等形式开展丰富多彩的学生集体活动，在活动中淡化群体界限，增进学生彼此之间的交流，增强“9+3”计划学生的归属感，帮助他们更快融入成都等地生活。最后，驻校干部和班主任应该加强“9+3”计划学生的思想道德教育，提升“9+3”计划学生的法治意识，采取选任在“9+3”计划学生中具有“领袖”能力的人作为学生干部，既可以协助老师做好班级工作，又可以带动更多的“9+3”计划学生遵守校规校纪。

第三，增强就业适应能力，提升学生实际就业质量。为帮助“9+3”计划学生适应社会环境和工作，“9+3”计划学校应该为“9+3”计划学生提供多样化的实践机会。首先，为帮助“9+3”计划学生将所学理论知识应用到实践中去，加强对理论知识的掌握，“9+3”计划学校应该为“9+3”计划学生提供专业对口的实习实训机会，从而便于“9+3”计划学生提早适应工作环境。其次，为帮助“9+3”计划学生更好地认知自身能力，为学生制定个性化的职业生涯规划，“9+3”计划学校应该建立起专业的职业生涯咨询队伍，通过专业的指导和咨询，指导“9+3”计划学生树立正确的就业观和择业观，让学生清楚地了解就业市场和自身的职业竞争力，帮助学生找到适合自己的工作。最后，“9+3”计划学校应建立“9+3”计划毕业生就业跟踪系统，持续关注毕业生的就业情况，定期组织线上优秀毕业生座谈分享会，为初入职场的“9+3”计划毕业生分享相关经验，帮助他们尽快适应所在工作岗位，减少因不适应而导致频繁更换工作的情况的出现。

9.2.3 加大“9+3”计划学生就业帮扶力度

第一，加强校企合作力度，提供多样化的就业岗位。“9+3”计划学校应该联合政府、企业和社会等多方力量，主动面向企业、服务企业、融入企业，推动校企合作人才培养模式深入持续地进行，进一步拓宽“9+3”计划学生的就业渠道。首先，“9+3”计划学校应成立专门的“9+3”计划校企合作管理机构。校企合作是一个涉及经济、政治、教育等多领域的问题，是一个由政府、企业、学校等多个主体参与的体系，需要有一个专门的机构来确保校企合作的顺利运行，为学校和企业提供参与决策的机会。其次，政府应转变角色，从直接提供就业岗位转变为发挥中介作用，如通过建立专门的信息平台，做好“9+3”计划学生岗位需求的收集和发布，方便学校和企业连接。最后，相关部门应成立“9+3”计划职业教育协会，为参与“9+3”计划职业教育协会的企业成员提供咨询、建议、鉴定等服务，发挥其连接企业和学校的作用，推进“9+3”计划职业教育的校企合作。

第二，加大创业扶持力度，强化优惠政策措施保障。“9+3”计划学生在学习到相关知识和技能以后，不止就业这一条独行道，还可以通过洞察市场抓住创业的机会，促进其所在家庭致富。首先，相关部门应通过出台税费减免、贷款担保和折扣等实质性优惠措施，完善毕业生创业相关权益的法律保障，鼓励更多“9+3”计划毕业生抓住机遇进行创业，为他们减轻创业负担。其次，相关部门应为“9+3”计划学生提供创业指导，积极引导学生整合优势资源，抓牢得天独厚的旅游资源这一主线，跟上“互联网+”这趟列车，拓展“9+3”计划学生的创业思路和渠道。最后，相关部门应树立毕业生创业成功的典范，邀请他们为“9+3”计划学生开设讲座，传授相关经验，让“9+3”计划学生在创业时少走弯路。这样既可以增强“9+3”计划学生创业的自信心，又可以指导“9+3”计划学生的创业工作。

第三，加强学生就业指导，引导树立正确择业观念。目前看来，部分

“9+3”计划学生具有就业观念落后、自我定位偏差、缺乏就业积极性等问题，学校和相关政府部门应该在引导学生树立正确择业观上努力。首先，政府要完善就业指导体制机制，建立健全就业指导机构，成立专业指导部门对“9+3”计划学生提供专业的就业指导服务。其次，“9+3”计划学校应在学生入学之初便开设专门的职业生涯规划教育课程，并配备专业的就业指导老师，逐步引导“9+3”计划学生更新就业观念，认清自我就业能力并树立正确的就业观。再次，“9+3”计划学校应该建立健全“9+3”计划学生就业网络体系，利用互联网开展线上就业沟通、咨询以及指导工作，定期发布最新的就业市场信息、招聘信息，为“9+3”计划毕业生就业提供咨询服务。最后，“9+3”计划学校应加大对就业困难学生的关爱和帮扶，派就业指导人员统一收集就业困难学生的就业困难情况并给出针对性的就业改善建议，给予特困学生一定的物质支持，落实就业指导过程中的人文关怀。

9.2.4 加强“9+3”计划宣传力度

第一，创新宣传渠道，扩大宣传广度。“9+3”计划在宣传过程中应以多渠道、创新型的宣传形式扩大宣传广度，加深四川省民族地区家庭及其子女对该计划的了解程度。首先，在传统媒体与新媒体相结合的基础上，相关部门应充分发挥新媒体的优势。相关部门可以采用各主流媒体对“9+3”计划进行宣传报道的形式，提高该计划的影响力和信服度，并在传统宣传渠道的基础上，建立与“9+3”计划相关的网站、公众号、工作微博等，开设对应的宣传专栏，以图片、推文等新兴形式更加直观地展现“9+3”计划的实施效果，实现宣传信息化。其次，相关部门应深入基层实行分类宣传，利用线下平台拓宽宣传范围。除了进行分层分类宣传外，相关部门还可以开展典型事迹宣讲活动，挖掘“9+3”计划典型优秀毕业生，开展典型事迹宣讲活动。最后，相关部门可以录制“9+3”计划宣传片和微电影，进一步加大传播广度，将宣传片和微电影在学校校园滚动播放，作为“9+3”计划学校招生宣传影视资料以吸引更多学生报名。

第二，规范宣传用语，确保宣传深度。在注重“9+3”计划宣传广度的同时，相关部门也要重视“9+3”计划的宣传深度，形成一个立体化的宣传模式。一方面，相关部门应当重视“9+3”计划的理念宣传和心理宣传，帮助社会大众树立正确的教育观念。一段时间以来，社会大众仍然对职业教育存有偏见，认为就读中职学校是不好的选择，认为读中职学校的学生是“差生”。为了让社会大众更加清晰地了解“9+3”计划、了解中职教育，相关部门首先应当注重理念宣传和心理宣传，帮助社会大众树立正确教育观念。另一方面，相关部门可以运用具有民族地区语言特点的宣传用语，编制相应的宣传图册，发放给每个民族地区的家庭，保证他们获取“9+3”计划相关信息的真实性和可靠性。相关部门还可以从时间、金钱以及未来发展三方面入手，将普通教育和“9+3”计划中职教育进行对比宣传，让四川省民族地区家庭了解到“9+3”计划具体能给他们子女的教育和就业所带来的益处。这种对比性的宣传能够有效地改善四川省民族地区群众对“9+3”计划的认识，逐渐转变他们对“9+3”计划以及中职教育的传统认知。

第三，建立宣传队伍，保证宣传效果。在保证“9+3”计划宣传广度和宣传深度的同时，配备什么样的人员做宣传同等重要。一方面，相关部门应当优化宣传队伍人员配备，形成一个多层级、立体化的宣传队伍。相关部门应从源头上设置严格的选拔标准以及流程，保证宣传人员的专业性，注重宣传人员专业能力与思想的培养及更新，为建立高质量宣传队伍奠定基础。同时，相关部门应从多渠道选拔不同类型的宣传人员，保证宣传队伍的多元化。另一方面，相关部门应改善宣传队伍的工作环境及待遇。“9+3”计划的宣传工作需要深入基层，但民族地区的生活条件相对较差，可能导致部分宣传人员工作积极性较低，出现宣传工作不到位等情况。相关部门应在合理范围内对专业的宣传人员评优、评先等予以倾斜，设立专门的“9+3”计划宣传工作的专属职称，提升宣传人员的社会地位和待遇。相关部门应对基层宣传人员予以生活保障等方面的财政倾斜，增强生活、医疗等资金支持。高质量、立体化的宣传队伍能够有效推动“9+3”计划宣传工作的开展，落实“9+3”计划的宣传效果。

9.2.5 强化“9+3”计划投入支持力度

第一，加大财政支持力度，确保资金落实到位。“9+3”计划实施以来，惠及了无数四川省民族地区的家庭及其子女，为了确保该计划更好地发展，需要政府和社会的鼎力支持。首先，相关部门应广开引资渠道，吸引不同领域的企业和公司对“9+3”计划进行投资和合作，为“9+3”计划学生的生活、实践和就业创造更好的条件。相应部门应加大对“9+3”计划学校的资金投入，让每个“9+3”计划学校都能配备专业的舞蹈教室、音乐教室，建立专业化的实践培训基地等。其次，相关部门应加强对“9+3”计划学生学习及生活补助的投入。相关部门应在已有政策的基础上，根据不同地区不同学校“9+3”计划学生的实际情况，适当增加学习和生活上的资金支持。再次，相关部门应在医疗保险、养老保险、房屋建设、子女上学等方面加大对“9+3”计划学生家庭的财政倾斜，减轻“9+3”计划学生家庭的经济顾虑，提高民族地区家庭送其子女到“9+3”计划学校读书的积极性。最后，相关部门应完善“9+3”计划监督管理体系，保证资金落实到位。相关部门应确立政府部门主导，各下级部门共同作用的监督管理体系，加强政府职能和部门职责。同时，相关部门应对“9+3”计划财政资金进行专项监管，确保资金落实到位，保障“9+3”计划的顺利开展。

第二，建立专业师资队伍，提升整体教育质量。首先，相关部门应加强教师队伍教学和育人能力的综合建设。“9+3”计划教师不仅要具备扎实的理论与实践教学能力，还应该具备优良的人格品质。该教师群体应尊重民族地区学生的文化习惯，更加关注民族地区学生的学习和校园生活。其次，相关部门应加强“9+3”计划教师的集中培训，合理搭建教师队伍结构。各“9+3”计划学校应为教师提供多样化的学习和交流机会，组织教师参观各地承办“9+3”计划的中职学校，向其他学校优秀的教师汲取理论和实践上的教学经验，还应该培训“9+3”计划教师对少数民族文化教育的适应能力。最后，相关部门应提升教师的各方面待遇，增加其教学和教育的积极性。为激发“9+3”计划教师的工作积极性，相关部门应提高他们的政治和经济待遇。从评优评先、评定职称、提拔重用等方面予以倾斜，发放比普通教师更高的薪资及津贴补助等，有效提高“9+3”计划教师和相关教育工作者的积极性，促进“9+3”计划更好地运行。

第三，整合优质教育资源，促进教育资源共享。“9+3”计划的教育模式是以校企合作、工学结合为主，合理的空间分布能够充分整合利用学校、行业和企业三方资源，实现教育资源的高度共享。目前“9+3”计划学校由于承办专业的不同，在办学动机、管理理念等方面存在较大差异。受地理位置、个体资源的影响，各个学校之间的资源配置存在不合理的现象，各个学校与行业和企业的合作也存在不同程度的差异。“9+3”计划学校要充分利用学校、行业和企业的紧密关系及资源，加强校企合作和工学结合，建立一批资源共享，同时包含实践教学、社会培训和服务的中职教育实习实训基地，完善中职教育实习实训体系，实现资源的高度共享。相关部门还应建立“9+3”计划中职教育资源共建共享机制，保障教育资源整合的稳定性。当前中职教育资源不均衡问题较为明显，积极开展教育资源共建共享，不仅有利于节约教育资源，还可以有效均衡分布教育资源，缓解教育资源紧张区域的压力。

参考文献

［1］曹隽，刘丹. 改革开放40年我国民族地区职业教育政策观察［J］. 中国职业技术教育，2018（34）：23-29.

［2］曾湘泉，王辉. 个人效用、教育因素和岗位特征：基于我国中职毕业生就业质量指标体系的研究［J］. 学术研究，2018（3）：96-105.

［3］陈鹏. 中等职业教育基础性定位的再认识［J］. 国家教育行政学院学报，2021（5）：26-32.

［4］陈巧妹. 民族地区职业教育之民族性欠缺与补偿研究［D］. 重庆：西南大学，2017.

［5］陈勇，邹晓东，吴伟. 社会网络学习行为与高校毕业生就业能力［J］. 高等工程教育研究，2020（2）：124-129.

［6］池丽萍，辛自强. 大学生学习动机的测量及其与自我效能感的关系［J］. 心理发展与教育，2006（2）：64-70.

［7］崔保师，曾天山，刘芳，等. 基础教育服务对象满意度实证研究［J］. 教育研究，2019，40（3）：80-89.

[8] 戴岳. 少数民族离村上学儿童的社会适应：基于对Y省少数民族聚居地区乡镇中心学校的田野调查 [J]. 学术论坛，2013，36（6）：217-221.

[9] 邓峰. 教育政策演进与教育评估转型：美国提高基础教育质量的经验与启示 [J]. 北京大学教育评论，2013，11（1）：181-188.

[10] 董增云. 大学生人格特征、社会支持与学校适应的关系 [J]. 中国临床心理学杂志，2010，18（5）：642-644.

[11] 杜文静，葛新斌. 西方教育政策评估模式的演进及其启示 [J]. 清华大学教育研究，2017，38（2）：90-94.

[12] 范国睿. 教育政策的理论与实践 [M]. 上海：上海教育出版社，2011.

[13] 高凡修. 中职毕业生能否成为高职院校重要生源实证研究 [J]. 职业技术教育，2015，36（25）：31-38.

[14] 葛道凯. 完善现代职业教育体系 彰显职业教育类型特征 [J]. 中国职业技术教育，2019（7）：19-23.

[15] 管培俊. 民族地区同步小康与职业教育的使命 [J]. 教育研究，2018，39（2）：4-9.

[16] 韩玉志. 学生满意度调查在美国大学管理中的作用 [J]. 教育发展研究，2006（5）：62-65.

[17] 何更生，葛爱莲. 学校适应与进城就读学生的心理健康 [J]. 教育科学研究，2012（10）：67-71.

［18］何婧，易红梅，李桂荣，等. 中职学校学生顶岗实习现状及满意度分析：以河南省为例［J］. 教育发展研究，2017，37（19）：40-47.

［19］和经纬. 中国公共政策评估研究的方法论取向：走向实证主义［J］. 中国行政管理，2008（9）：118-124.

［20］侯静. 高中生学校适应量表的编制［J］. 中国临床心理学杂志，2013，21（3）：385-388，367.

［21］侯静. 学校适应的界定和测量的综述［J］. 首都师范大学学报（社会科学版），2012（5）：99-104.

［22］胡斌武，叶萌，庞尧，等. 中等职业教育发展的均衡性与效率性实证检验：基于省际面板数据的分析［J］. 教育研究，2017，38（3）：75-82.

［23］胡凤君. 教育扶贫政策执行成效及问题研究［D］. 成都：电子科技大学，2019.

［24］胡宁生. 现代公共政策学：公共政策的整体透视［M］. 北京：中央编译出版社，2007.

［25］黄斌，钟晓琳. 中国农村地区教育与个人收入：基于三省六县入户调查数据的实证研究［J］. 教育研究，2012，33（3）：18-26.

［26］吉文昌. 教育满意度测评方法与原则［J］. 教育研究，2015，36（2）：82-85.

［27］贾利军，管静娟. 大学生就业能力结构研究［J］. 教育发展研究，2013，33（Z1）：51-56.

［28］江光荣，应梦婷，林秀彬，等.《中国中小学生学校适应成套量表》的编制［J］. 中国临床心理学杂志，2017，25（3）：435-444.

［29］赖德胜，石丹淅. 新时代劳动力市场的宏观调控与实践路径［J］. 求是学刊，2018，45（6）：42-52.

［30］李俊，穆生华. 职业教育公共政策的两难困境：北欧职业教育的现状、改革与启示［J］. 高等工程教育研究，2021（3）：133-139.

［31］李孔珍，洪成文. 教育政策的重要价值追求：教育公平［J］. 清华大学教育研究，2006（6）：65-69.

［32］李璐. 自适应学习的内在动机对大学生自主学习效能影响的实证研究［J］. 江苏高教，2021（11）：52-59.

［33］李鹏，朱成晨，朱德全. 职业教育精准扶贫：作用机理与实践反思［J］. 教育与经济，2017（6）：76-82.

［34］林克松. 我国省际中等职业教育发展水平的测度与比较［J］. 西南大学学报（社会科学版），2018，44（1）：84-90.

［35］刘兰明. 论职业教育的尊严［J］. 中国高教研究，2015（2）：91-94.

［36］刘儒德. 学习心理学［M］. 北京：高等教育出版社，2010.

［37］刘书林. 坚持社会主义办学方向 办好人民满意的教育：学习习近平总书记在全国教育大会上的重要讲话［J］. 思想理论教育导刊，2018（11）：14-20.

［38］刘武，杨雪. 中国高等教育顾客满意度指数模型的构建［J］. 公共管理学报，2007（1）：84-88.

［39］刘新燕，刘雁妮，杨智，等. 构建新型顾客满意度指数模型：基于SCSB、ACSI、ECSI的分析［J］. 南开管理评论，2003（6）：52-56.

［40］栾江，陈建成，李强，等. 高中教育还是中等职业教育更有利于增加西部地区农村劳动力非农收入：基于异质性的处理效应估计［J］. 中国农村经济，2014（9）：32-45.

［41］马树超，张晨，陈嵩. 中等职业教育区域均衡发展的成绩、问题和对策［J］. 教育研究，2011，32（5）：52-57.

［42］马欣悦，石伟平. 现阶段我国中等职业教育招生“滑坡”现象的审视与干预［J］. 中国教育学刊，2020（11）：66-71.

［43］马永霞，梁金辉. 理工科大学生就业能力评价研究［J］. 教育研究，2016，37（9）：40-50.

［44］南旭光，张培. “互联网+”时代职业教育的价值取向与实现路径［J］. 教育与职业，2016（8）：8-12.

［45］祁占勇，刘丹. 我国职业教育供给的演进历程与未来展望［J］. 现代教育管理，2020（5）：93-102.

［46］祁占勇，谢金辰. 投资职业教育能否促进农村劳动力增收：基于倾向得分匹配（PSM）的反事实估计［J］. 教育研究. 2021，42（2）：97-111.

［47］瞿连贵，石伟平. 大力发展中等职业教育：西部地区普及高中阶段教育的战略选择［J］. 中国教育学刊，2019（4）：16-21.

［48］石火学. 教育政策视角下的教育公平与效率问题研究［J］. 清华大学教育研究，2010，31（5）：29-34.

[49] 石雷山，高峰强. 班主任变革型领导行为对初中生学校适应的影响：一个多水平的结构方程分析 [J]. 心理科学，2020，43（4）：864-870.

[50] 石伟平，郝天聪. 新时代我国中等职业教育发展若干核心问题的再思考 [J]. 教育发展研究，2018，38（19）：16-20.

[51] 史秋衡，古尔扎·阿里·沙阿布哈里. 巴基斯坦大学生满意度的实证研究 [J]. 教育研究. 2015，36（6）：124-135.

[52] 史秋衡，王芳. 我国大学生就业能力的结构问题及要素调适 [J]. 教育研究，2018，39（4）：51-61.

[53] 苏启敏. 教育现代化进程中教育质量概念的历史、逻辑与结构 [J]. 教育研究，2020，41（7）：39-49.

[54] 孙诚，吴红斌，尹玉辉. 中等职业教育学生满意度分析：基于全国中职学校学生调查的实证研究 [J]. 教育研究，2018，39（1）：83-91.

[55] 孙琳. 未来十年我国职业教育发展的基本走向：基于《纲要》和《行动计划》的分析 [J]. 教育发展研究，2011，31（19）：53-56.

[56] 檀慧玲，王发明. 教育政策评估研究的关键词共现可视化分析 [J]. 华南师范大学学报（社会科学版），2017（4）：65-73，190.

[57] 万华麒. 从社会支持角度分析“9+3”中职教育模式下藏族学生文化适应 [D]. 成都：四川师范大学，2012.

[58] 万卫. 高中阶段普职规模“大体相当”政策的价值分析 [J]. 现代教育管理，2019（6）：60-64.

［59］王纾，孔令军．我国中等职业教育学生满意度的实证研究：基于全国中职学生教育满意度调查的分析［J］．中国职业技术教育，2021（1）:5-13.

［60］王田，刘启蒙，罗海风，等．高中生学习动机、学习压力与主观幸福感的阈值研究：以我国东部S省的测评结果为例［J］．华东师范大学学报（教育科学版），2021，39（3）：59-70.

［61］王伟，冯树清．我国中等职业教育全要素生产率演变与影响因素研究：基于31个省份面板数据的实证分析［J］．教育科学，2016，32（4）：76-84.

［62］王新俊，孙百才．近30年来国外大学生就业能力研究现状及进展［J］．教育与经济，2018（5）：57-64.

［63］王奕俊，胡慧琪，吕栋翔．教育收益率发生了变化吗：基于CFPS的中等职业教育招生下滑与升学热原因探析［J］．教育发展研究，2019，39（11）：49-58.

［64］王元，田卉娇，王垚．身份认同整合对流动儿童学校适应的影响：群体结构的调节作用［J］．苏州大学学报（教育科学版），2020，8（3）:99-108.

［65］文静．大学生学习满意度的模型修订与动向监测［J］．教育研究，2018，39（5）：50-58.

［66］吴明隆．结构方程模型：AMOS的操作与应用［M］．重庆：重庆大学出版社，2010.

[67] 徐国庆. 中等职业教育的基础性转向：类型教育的视角 [J]. 教育研究，2021，42（4）：118-127.

[68] 许锋华. 精准扶贫：民族地区职业教育发展的新定位 [J]. 高等教育研究，2016，37（11）：64-69，76.

[69] 杨钋. 教育经济学研究：美国的新发展 [J]. 教育与经济，2010（1）：65-71.

[70] 杨伟国，谢欢，代懋，等. 就业能力概念：一个世纪的变迁史 [J]. 东吴学术，2012（4）：70-79.

[71] 杨小峻，王德芳. 少数民族大学生学习特点及原因分析：从心理因素入手的调查研究 [J]. 西藏民族大学学报（哲学社会科学版），2017，38（6）：119-124.

[72] 杨长进，唐丁平，梅晶. 辱虐管理与员工主动创新行为研究：基于动机和能力信念视角 [J]. 科技进步与对策，2021，38（3）：143-150.

[73] 叶阳永. 中职招生规模变化的影响因素及动力机制分析 [J]. 教育与职业，2020（18）：27-33.

[74] 于洪姣. 国家资助政策下为什么中职招生依然困难 [J]. 职教论坛，2015（13）：45-49.

[75] 于倩，刘金兰，赵远. 大学生学习动机对学习参与及学业成就的影响研究 [J]. 大连理工大学学报（社会科学版），2018，39（6）：100-106.

[76] 袁利平，丁雅施. 教育扶贫：中国方案及世界意义 [J]. 教育研究，2020，41（7）：17-30.

[77] 袁振国. 深化教育政策研究 加强两种文化交流 [J]. 教育发展研究，2000（9）：5-9.

[78] 岳昌君，邱文琪. 高校毕业生城际流动的特征分析 [J]. 北京大学教育评论，2019，17（3）：88-104，189-190.

[79] 张蓓，黄志平. 高等院校本科教学质量满意度与忠诚度实证研究：基于648位大学本科生的调查数据 [J]. 教育发展研究，2013，33（19）:31-37.

[80] 张春虎. 基于自我决定理论的工作动机研究脉络及未来走向 [J]. 心理科学进展，2019，27（8）：1489-1506.

[81] 张金龙，秦玉友. 农村初中寄宿生学校适应状况与提升策略：基于四川省通江县的调查 [J]. 苏州大学学报（教育科学版），2019，7（2）：87-95.

[82] 张乐天. 教育政策法规的理论与实践 [M]. 上海：华东师范大学出版社，2009.

[83] 张雷. 教育政策绩效评估的理论探讨 [D]. 上海：华东师范大学，2014.

[84] 张羽. 教育政策定量评估方法中的因果推断模型以及混合方法的启示 [J]. 清华大学教育研究，2013，34（3）：29-40.

[85] 赵磊磊，柳欣源，李凯. 社区支持对留守儿童学校适应的影响：基于县域视角的调查研究 [J]. 教育科学，2019，35（6）：47-57.

[86] 郑涛，张洋，焦蒲. 四川民族地区“9+3”免费中职教育计划实施十年再审视 [J]. 四川师范大学学报（社会科学版），2020，47（6）：106-112.

［87］钟云华，罗筑华，唐芳芳. 大学毕业生就业质量测量指标体系建构：基于6省市15所高校抽样问卷调查数据的探索［J］. 教育科学研究，2020（9）：30-37.

［88］袁克定，冯菲. 远程学习者外在动机内化的探索研究［J］. 开放教育研究，2009，15（3）：85-88.

［89］周丹青，王翠艳，潘日余. 留守儿童独处偏好与学校适应的关系：同伴依恋的中介作用［J］. 心理研究，2021，14（2）：184-190.

［90］周洁，张俊. 中等教育分流与收入差异：普通高中与中等职业学历教育收益率的比较研究［J］. 教育学术月刊，2019（12）：94-100.

［91］朱成晨，闫广芬. 精神与逻辑：职业教育的技术理性与跨界思维［J］. 教育研究，2020，41（7）：109-122.

［92］朱德全，石献记. 职业教育服务乡村振兴的技术逻辑与价值旨归［J］. 中国电化教育，2021（1）：41-49.

［93］朱德全，熊晴. 职业教育现代化发展的逻辑理路：价值与路向［J］. 云南师范大学学报（哲学社会科学版），2021，53（5）：103-112.

［94］朱德全. 乡村“五大振兴”与职业教育融合发展［J］. 民族教育研究，2020，31（3）：10.

［95］ALEMU A M，CORDIER J. Factors influencing international student satisfaction in Korean universities［J］. International Journal of Educational Development，2017，57：54-64.

［96］ALQURASHI E. Predicting student satisfaction and perceived learning within online learning environments［J］. Distance Education，2019，40（1）：133-148.

[97] ALVES H, RAPOSO M. Conceptual model of student satisfaction in higher education [J]. Total Quality Management & Business Excellence, 2007, 18 (5): 571-588.

[98] ALVES H, RAPOSO M. The infuence of university image on student behaviour [J]. International Journal of Educational Management, 2010, 24 (1): 73-85.

[99] ANDERSON E W, FORNELL C, LEHMANN D R. Customer satisfaction, market share, and profitability: Findings from Sweden [J]. Journal of Marketing, 1994, 58 (3): 53-66.

[100] ANNAMDEVULA S, BELLAMKONDA R S. The effects of service quality on student loyalty: The mediating role of student satisfaction [J]. Journal of Modelling in Management, 2016, 11 (2): 446-462.

[101] ARPAN L, RANEY A, ZIVNUSKA S. A cognitive approach to understanding university image [J]. Corporate Communications: An International Journal, 2003, 8 (2): 97-113.

[102] ATKINSON J W. An introduction to motivation [M]. Princeton: Van Nostrand, 1964.

[103] BABIN B J, DARDEN W R, GRIFFIN M. Work and/or fun: Measuring hedonic and utilitarian shopping value [J]. Journal of Consumer Research, 1994, 20 (4): 644-656.

[104] BANDURA A. Social foundations of thought and action: A social cognitive theory [M]. Englewood Cliffs: Prentice Hall, 1986.

[105] BARUCH Y. Employability：A substitute for loyalty [J]. Human Resource Development International，2001，4 (4)：543-566.

[106] BARUCH Y. Transforming careers：From linear to multidirectional career paths：Organizational and individual perspectives [J]. Career Development International，2004，9 (1)：58-73.

[107] BENNETT D，ANANTHRAM S. Development，validation and deployment of the employability scale [J]. Studies in Higher Education，2022，47 (7)：1311-1325.

[108] BEVERLEY OLIVER. Redefining graduate employability and work-integrated learning：Proposals for effective higher education in disrupted economies [J]. Journal of Teaching and Learning for Graduate Employability，2015，6 (1)：56-65.

[109] BOYD D，GROSSMAN P，LANKFORD H，et al. How changes in entry requirements alter the teacher workforce and affect student achievement [J]. Education Finance and Policy，2006，1 (2)：176-216.

[110] BRODY G H，MURRY V M，KIM S，et al. Longitudinal pathways to competence and psychological adjustment among African American children living in rural single-parent households [J]. Child Development，2002，73：1505-1516.

[111] BROWN R M，MAZZAROL T W. The importance of institutional image to student satisfaction and loyalty within higher education [J]. Higher Education，2009，58 (1)：81-95.

[112] BROWN P, HESKETH A, WILIAMS S. Employability in a knowledge-driven economy [J]. Journal of Education and Work, 2003, 16 (2): 107-126.

[113] BUHS E S, LADD G W. Peer rejection as antecedent of young children's school adjustment: An examination of mediating processes [J]. Developmental Psychology, 2001, 37: 550-560.

[114] CHANDRA T, HAFNI L, CHANDRA S, et al. The influence of service quality, university image on student satisfaction and student loyalty [J]. Benchmarking: An International Journal, 2019, 26 (5): 1533-1549.

[115] CHEN X, CEN G, LI D, et al. Social functioning and adjustment in Chinese children: The imprint of historical time [J]. Child Development, 2005, 76 (1): 182-195.

[116] CHEN X, WANG W Z. Shyness-sensitivity and social, school, and psychological adjustment in rural migrant and urban children in China [J]. Child Development, 2009, 80 (5): 1499-1513.

[117] CHEN X, LI D, XU X, et al. School adjustment of children from rural migrant families in urban China [J]. Journal of School Psychology, 2019, 72: 14-28.

[118] CHERTKOVSKAYA E, P WATT, S TRAMER, et al. Giving notice to employability [J]. Theory & Politics Organization, 2013, 13 (4): 701-716.

[119] CHIEN T K, CHANG T H, SU C T. Did your efforts really win customers' satisfaction? [J]. Industrial Management & Data Systems, 2002, 103 (4): 253-262.

[120] CHONG YIT SEAN, AHMED PERVAIZ K. An empirical investigation of students' motivational impact upon university service quality perception: A self-determination perspective [J]. Quality in Higher Education, 2012, 18 (1): 35-57.

[121] CLEMES M D, COHEN D A, WANG Y. Understanding Chinese university students' experiences: An empirical analysis [J]. Asia Pacific Journal of Marketing and Logistics, 2013, 25 (3): 391-427.

[122] DACRE POOL L, SEWELL P. The key to employability: Developing a practical model of graduate employability [J]. Education + Training, 2007, 49 (4): 277-289.

[123] DECI E L, RYAN R M. Intrinsic motivation and self-determination in human behavior [M]. New York: Plenum, 1985.

[124] DECI E L, RYAN R M. Handbook of self-determination research [M]. Rochester: The University of Rochester Press, 2002.

[125] DI FABIO A, KENNY M E. The contributions of emotional intelligence and social support for adaptive career progress among Italian youth [J]. Journal of Career Development, 2015, 42 (1): 48-49.

[126] DONALD W E, BARUCH Y, ASHLEIGH M J. The undergraduate self-perception of employability: Human capital, careers advice, and career ownership [J]. Studies in Higher Education, 2019, 44 (4): 599-614.

[127] ECCLES J S, WIGFIELD A. Motivational beliefs, values, and goals [J]. Annual Review of Psychology, 2002, 53: 109-132.

[128] ECCLES J S, ADLER T F, FUTTERMAN R, et al. Expectancies, values, and academic behaviors [C]. //J T SPENCE. Achievement and achievement motivation. San Francisco: W. H. Freeman, 1983: 74-146.

[129] ELLIOTT K M, SHIN D. Student satisfaction: An alternative approach to assessing this important concept [J]. Journal of Higher Education Policy And Management, 2002, 24 (2): 197-209.

[130] ELLIOTT K M, HEALY M A. Key factors influencing student satisfaction related to recruitment and retention [J]. Journal of Marketing for Higher Education, 2001, 10 (4): 1-11.

[131] FUGATE M, KINICKI A J, ASHFORTH B E. Employability: A psycho-social construct, its dimensions, andapplications [J]. Journal of Vocational Behavior, 2004, 65 (1): 14-38.

[132] FUGATE M, KINICKI A J. A dispositional approach to employability: Development of a measure and test of implications for employee reactions to organizational change [J]. Journal of Occupational and Organizational Psychology, 2008, 81 (3): 503-527.

[133] GAZIER B. Employability: The complexity of a policy notion [C]. // P WEINERT, M BAUKENS, M PINESCHI-GAPENNE, et al. Employability: From theory to practice. New Brunswick: Transaction Publishers, 2001: 3-23.

[134] GRUBER T, FUB S, VOSS R, et al. Examining student satisfaction with higher education services using a new measurement tool [J]. International Journal of Public Sector Management, 2010, 23 (2): 105-123.

[135] HALLOWELL R. The relationships of customer satisfaction, customer loyalty, and profitability: An empirical study [J]. International Journal of Service Industry Management, 1996, 7 (4): 27-42.

[136] HEIJDE C M V D, VAN DER HEIJDEN B I J M. A competence-based and multidimensional operationalization and measurement of employability [J]. Human Resource Management, 2006, 45 (3): 449-476.

[137] HENNING-THURAU T, LAGER M F, HANSEN U. Modelling and managing student loyalty: An approach based on the concept of relationship quality [J]. Journal of Service Research, 2001, 3 (1): 331-344.

[138] HILLAGE J, POLLARD E. Employability: Developing a framework for policy analysis [M]. London: Department for Education and Employment, 1998.

[139] HOGAN R, T CHAMORRO-PREMUZIC, R KAISER. Employability and career success: Bridging the gap between theory and reality [J]. Industrial and Organizational Psychology, 2013, 6 (1): 3-16.

[140] KHOO S, HA H, MCGREGOR S L T. Service quality and student/customer satisfaction in the private tertiary education sector in Singapore [J]. International Journal of Educational Management, 2017, 31 (4): 430-444.

[141] KI P. School adjustment and academic performance: Influences of the interaction frequency with mothers versus fathers and the mediating role of parenting behaviours [J]. Early Child Development and Care, 2018, 190 (7): 1123-1135.

[142] KNIGHT P T, YORKE M. Employability through the curriculum [J]. Tertiary Education and Management, 2002, 8 (4): 261-276.

[143] KUO Y F, WU C M, DENG, W J. The relationships among service quality, perceived value, customer satisfaction, and post-purchase intention in mobile value-added services [J]. Computers in Human Behavior, 2009, 25 (4): 887-896.

[144] KUSURKAR R A. Motivation in medical students: A PhD thesis report [J]. Perspectives on Medical Education, 2012, 1: 155-157.

[145] LADD G W, BURGESS K B. Dorelational risks and protective factors moderate the linkages between childhood aggression and early psychological and school adjustment [J]. Child Development, 2001, 72: 1579-1601.

[146] LADD G W, KOCHENDERFER B J, COLEMAN C C. Friendship quality as a predictor of young children's early school adjustment [J]. Child Development, 1996, 67: 1103-1118.

[147] LAI F, GRIFFIN M, BABIN B J. How quality, value, image, and satisfaction create loyalty at a Chinese telecom [J]. Journal of Business Research, 2009, 62 (10): 980-986.

[148] LEBLANC G, NGUYEN N. Searching for excellence in business education: An exploratory study of customer impressions of servicequality [J]. International Journal of Educational Management, 1997, 11 (2): 72-79.

[149] LEGAULT L, GREEN DEMERS I, PELLETIER L. Why do high school students lack motivation in the classroom? Toward an understanding of amotivation and the role of social support [J]. Journal of Educational Psychology, 2006, 98 (3): 567-582.

[150] MASSERINI L, BINI M, PRATESI M. Do quality of services and institutional image impact students' satisfaction and loyalty in higher education? [J]. Social Indicators Research, 2019, 146 (1): 91-115.

[151] MASTEN A S, DESJARDINS C D, MCCORMICK C M, et al. The significance of childhood competence and problems for adult success in work: A developmental cascade analysis. Development and Psychopathology, 2010, 22: 679-694.

[152] MITTAL V, ROSS JR W T, BALDASARE P M. The asymmetric impact of negative and positive attribute-level performance on overall satisfaction and repurchase intentions [J]. Journal of Marketing, 1998, 62 (1): 33-47.

[153] MORTENSEN DALE. Markets with search friction and the DMP model [J]. American Economic Review, 2011, 101 (4): 1073-1091.

[154] MUIS K R. Personal epistemology and mathematics: A critical review and synthesis of research [J]. Review of Educational Research, 2004 (3): 317-377.

[155] NIXON E, SCULLION R, HEARN R. Her majesty the student: Marketised higher education and the narcissistic (dis) satisfactions of the student-consumer [J]. Studies in Higher Education, 2018, 43 (6): 927-943.

[156] OLDFIELD B M, BARON S. Student perceptions of service quality in a UK university business and management faculty [J]. Quality Assurance in Education, 2000, 8: 85-95.

[157] OLIVER R L. A cognitive model of the antecedents and consequences of satisfaction decisions [J]. Journal of Marketing Research, 1980, 17 (4): 460-469.

[158] OLIVER R L, DESARBO W S. Response determinants in satisfaction judgments [J]. Journal of Consumer Research, 1988, 14 (4): 495-507.

[159] OTIS N, GROUZET F M E, PELLETIER L G. Latent motivational change in an academic setting: A 3-year longitudinal study [J]. Journal of Educational Psychology, 2005, 97 (2): 170-183.

[160] PAN Y J, LEE L S. Academic performance and perceived employability of graduate students in business and management: An analysis of nationwide graduate destination survey [J]. Procedia-Social and Behavioral Sciences, 2011, 25: 91-103.

[161] PAPPU R, QUESTER P. Does customer satisfaction lead to improved brand equity? An empirical examination of two categories of retail brands [J]. Journal of Product & Brand Management, 2006, 15 (1): 4-14.

[162] PINTO L H, RAMALHEIRA D C. Perceived employability of business graduates: The effect of academic performance and extracurricular activities [J]. Journal of Vocational Behavior, 2017, 99: 165-178.

[163] PINTRICH P R. A motivational science perspective on the role of student motivation in learning and teaching contexts [J]. Journal of Educational Psychology, 2003, 95 (4): 667.

[164] PINTRICH P R SCHUNK D H. Motivation in education: Theory, research, and applications [M]. New Jersey: Pearson Education, Inc., 2002.

[165] RATELLE C F, GUAY F, VALLERAND R J, et al. Autonomous, controlled, and amotivated types of academic motivation: A person oriented analysis [J]. Journal of Educational Psychology, 2007, 99 (4): 734-746.

[166] ROESER R W, ECCLES J S, SAMEROFF A J. Academic and emotional functioning in early adolescence: Longitudinal relations, patterns, and prediction by experience in middle school [J]. Development and Psychopathology, 1998, 10 (2): 321-352.

[167] ROTHWELL A, ARNOLD J. Self-perceived employability: Development and validation of ascale [J]. Personnel Review, 2007, 36 (1): 23-41.

[168] RYAN R M, DECI E L. Self-determination theory and the facilitation of intrinsic motivation, social development, and well-being [J]. American Psychologist, 2000, 55: 68-78.

[169] SANBONMATSU L, KLING J R, DUNCAN G J, et al. Neighborhoods and academic achievement results from the moving to opportunity experiment [J]. Journal of Human Resources, 2006, 41 (4): 443-478.

[170] SANDERS J, DE GRIP A. Training, task flexibility and the employability of low - skilled workers [J]. International Journal of Manpower, 2004, 25 (1): 73-89.

[171] SCHREINER L A, NELSON D D. The contribution of student satisfaction to persistence [J]. Journal of College Student Retention: Research, Theory & Practice, 2013, 15 (1): 73-111.

[172] SCHROEDER F K. Workplace issues and placement: What is high qualityemployment [J]. Work, 2007, 29 (4): 357-358.

[173] SMALL L, SHACKLOCK K, MARCHANT T. Employability: A contemporary review for higher education stakeholders [J]. Journal of Vocational Education & Training, 2018, 70 (1): 148-166.

[174] STOREN L A, AAMODT P O. The quality of higher education and employability of graduates [J]. Quality in Higher Education, 2010, 16 (3): 297-313.

[175] STOVER, JULIANA BEATRIZ, et al. Academic motivation scale: Adaptation and psychometric analyses for high school and college students [J]. Psychology Research and Behavior Management, 2012, 5: 71.

[176] SZYMANSKI D M, HENARD D H. Customer satisfaction: A meta-analysis of the empirical evidence [J]. Journal of The Academy of Marketing Science, 2001, 29 (1): 16-35.

[177] TEEROOVENGADUM V, NUNKOO R, GRONROOS C, et al. Higher education service quality, student satisfaction and loyalty [J]. Quality Assurance in Education, 2019, 27 (4): 427-445.

[178] TEMIZER L, TURKYILMAZ A. Implementation of stundent satisfaction index model in higher education institutions [J]. Social and Behavioral Sciences, 2012, 46: 3802-3806.

[179] TOMAS J M, GUTIERREZ M, PASTOR A M. et al. Perceived social support, school adaptation and adolescents' subjective well-being [J]. Child Indicators Research, 2020, 13 (5): 1597-1617.

[180] TSUI S, J WU. The new employment relationshipversus the mutual investment approach: Implications for human resource management [J]. Human Resource Management, 2005, 44 (2): 115-121.

[181] TURKYILMAZ A, TEMIZER L, OZTEKIN A. A causal analytic approach to student satisfaction indexmodeling [J]. Annals of Operations Research, 2018, 263 (1-2): 565-585.

[182] VALLERAND R J, BISSONNETTE R. Intrinsic, extrinsic, and amotivational styles as predictors of behavior: A prospective study [J]. Journal of Personality, 1992, 60: 599-620.

[183] VAN DAM K. Antecedents and consequences of employability orientation [J]. European Journal of Work and Organizational Psychology, 2004, 13 (1): 29-51.

[184] VANSTEENKISTE MAARTEN, et al. Experiences of autonomy and control among Chinese learners: Vitalizing or immobilizing? [J]. Journal of Educational Psychology, 2005, 97 (3): 468.

[185] WATSON S. Closing the feedback loop: Ensuring effective action from student feedback [J]. Tertiary Education and Management, 2003, 9: 145-157.

[186] WEBB D, JAGUN A. Customer care, customer satisfaction, value, loyalty and complaining behavior: Validation in a UK university setting [J]. Journal of Consumer Satisfaction, Dissatisfaction and Complaining Behavior, 1997, 10: 139-151.

[187] WEICK K E. Enactment and the boundaryless career: Organizing as we work [C]. //D M ROUSSEAU. The boundaryless career. Oxford: Oxford University Press, 1996.

[188] WIERS-JENSSEN J, STENSAKKER B, GROGAARD J. Student satisfaction: Towards an empirical deconstruction of the concept [J]. Quality in Higher Education, 2002, 8 (2): 183-195.

[189] YI Y. A critical review of consumer satisfaction [J]. Review of Marketing, 1990, 4 (1): 68-123.

[190] YILMAZ R. Exploring the role of e-learning readiness on student satisfaction and motivation in flipped classroom [J]. Computers in Human Behavior, 2017, 70: 251-260.

[191] YORKE M, L HARVEY. Graduate attributes and their development [J]. New Directions for Institutional Research, 2005, 128: 41-58.

[192] ZEITHAML V A, BERRY L L, PARASURAMAN A. The nature and determinants of customer expectations of service [J]. Journal of The Academy of Marketing Science, 1993, 21 (1): 1-12.

附录：调查问卷

Q1. 你的性别是：

1. 男　2. 女

Q2. 你的出生年月是：

[____|____|____|____] 年 [____|____] 月

Q3. 你的民族是：

1. 汉　2. 藏　3. 彝　4. 羌　5. 苗　6. 回

7. 其他（请注明__________）

Q4. 你的生源地是：

[__________] 市（州）[__________] 县（区）

Q5. 你是否参加民族地区“9+3”免费教育计划？

1. 是　2. 否

Q6. 你目前的户口类型是：

1. 农业户口（农村户口）　2. 非农户口（城镇户口）

Q7. 你的专业名称是：______________________________

Q8. 你妈妈的教育水平是：

1. 小学及以下 2. 初中 3. 中专、技校、职业高中、高中

4. 大专 5. 大学本科及以上

Q9. 你爸爸的教育水平是：

1. 小学及以下 2. 初中 3. 中专、技校、职业高中、高中

4. 大专 5. 大学本科及以上

Q10. 你妈妈的职业是：

1. 国家机关事业单位工作人员 2. 教师、工程师、医生、律师

3. 农民 4. 生产与制造业、商业与服务业职工 5. 个体户

6. 无业、失业、下岗

Q11. 你爸爸的职业是：

1. 国家机关事业单位工作人员 2. 教师、工程师、医生、律师

3. 农民 4. 生产与制造业、商业与服务业职工 5. 个体户

6. 无业、失业、下岗

Q12. 目前你家庭年收入大概是：

1. 3 万元以下 2. 3 万（含）~5 万元 3. 5 万（含）~8 万

4. 8 万（含）~12 万元 5. 12 万元及以上

Q13. 关于中等职业教育的几种说法（见附表 1），你是否认同？

附表 1 关于中等职业教育的几种说法

项目	非常不认同	不认同	认同	完全认同
接受职业教育有助于获得家人、朋友的尊敬				

附表1（续）

项目	非常不认同	不认同	认同	完全认同
相较于普通高中，接受中等职业教育会让未来发展更加受限				

Q14. 关于你对工作、职业发展态度的几项描述（见附表2），你是否认同？

附表2　关于你对工作、职业发展态度的几项描述

项目	非常不认同	不认同	认同	完全认同
我会主动花时间提高对就业有益的知识和技能				
我在制定职业生涯规划时有考虑劳动力市场未来的变化				
我能发现自己的不足，并想办法去改进				
我会有意识地运用自己新获得的知识和技能				

Q15. 进入本校学习前，你对所在学校的教学质量的期望如何？

1. 质量一般　2. 质量较好　3. 质量好　4. 质量非常好

Q16. 进入本校学习前，你是否期望所在学校能够帮助你完成教育和职业目标？

1. 没有抱有期望　2. 抱有一点期望　3. 抱有较大期望

4. 抱有很大期望

Q17. 对你所在学校的几个方面的表现（见附表3），你是否满意？

附表 3　你所在学校的几个方面的表现

项目	非常不满意	不满意	满意	非常满意
你对学校设置的课程的数量和种类是否满意				
你对学校的课程质量（课程难易程度）是否满意				
你对任课老师的专业技术知识和能力是否满意				
你对学校在考取职业技能证书方面提供的帮助是否满意				
你对学校提供的社会实践、实习实训机会是否满意				
你对学校的整体校园风气（包括学习、生活等）是否满意				

Q18. 你对所在学校的总体满意度评价如何？

1. 非常不满意　2. 不太满意　3. 比较满意　4. 非常满意

Q19. 你是否认为所在学校的整体表现与理想中的职业学校还存在差距？

1. 存在很大差距　2. 存在一定差距　3. 不存在差距

4. 比理想中还好

Q20. 关于你所在学校的几项描述（见附表 4），你是否认同？

附表 4　关于你所在学校的几项描述

项目	非常不认同	不认同	认同	非常认同
学校重视学生德智体美的全面发展				
学校重视围绕每个学生的特点进行个性化培养				

附表4(续)

项目	非常不认同	不认同	认同	非常认同
你与辅导员（班主任）的沟通交流顺畅				
在校学习到的知识和技能有助于未来职业发展				
相较于在这所学校学习，如果将同样的时间和金钱用到其他地方会更有价值				

Q21. 你是否愿意推荐家人、朋友到你所在学校就读？

1. 非常不愿意　2. 不太愿意　3. 比较愿意　4. 非常愿意

Q22. 你是否愿意推荐家人、朋友接受中等职业教育？

1. 非常不愿意　2. 不太愿意　3. 比较愿意　4. 非常愿意

Q23. 关于你在学校中社交表现的几项描述（见附表5），你是否认同？

附表5　关于你在学校中社交表现的几项描述

项目	非常不认同	不认同	认同	非常认同
在学校里我经常感到紧张或焦虑				
我不能很好地控制情绪				
在应付学校里的各种压力时，我遇到了很多困难				
我与宿舍室友相处得不错				
我对自己在学校里的社交生活感到满意				
我可以和学校里的好朋友谈我碰到的任何问题				

Q24. 毕业后，你是否愿意返回家乡工作？

1. 非常不愿意　2. 不太愿意　3. 比较愿意　4. 非常愿意

Q25. 毕业后，你是否愿意优先考虑在学校所在地就业？

1. 非常愿意　2. 比较愿意　3. 不太愿意　4. 很不愿意

Q26. 毕业后，你是否愿意继续从事与所学专业相关的工作？

1. 非常愿意　2. 比较愿意　3. 不太愿意　4. 很不愿意

Q27. 关于你个人能力的几项描述（见附表6），你是否认同？

附表6　关于你个人能力的几项描述

项目	非常不认同	不认同	认同	非常认同
在学习方面，我跟得上正常的教学进度				
我会主动参与课程学习的相关环节或活动（例如，课前预习、课堂听讲以及课后复习）				
我觉得学习是一件充满乐趣的事情				
我有能力在自己的工作领域与专家进行深入讨论				
我有能力以可理解的方式为他人提供有关我的工作的信息				
我有能力为同事在面临工作方法问题时提供实际帮助				
我有能力区分主要问题和次要问题，并确定优先事项				

Q28. 关于你初中毕业后继续求学的原因（见附表7），你是否认同？

附表7　关于你初中毕业后继续求学的原因

项目	非常不认同	不认同	认同	非常认同
因为在学习新知识和技能时，我能够感到快乐和满足				
因为在我感兴趣的学科上拓展知识面会让我感到快乐和满足				
因为有机会继续学习更多让我感兴趣的东西				
因为我想证明我能在学业上取得成功				
因为我想向自己证明，我可以获得比初中更高的文凭				
因为在学校取得成功会让我感受到自己的重要性				
因为能够帮助我更好地为选择职业做准备				
因为能够帮助我进入喜欢就业的领域				
因为多接受几年教育会提高我的就业能力和竞争力				
为了以后能得到一份更有声望的工作				
因为我以后想要过更加美好的生活				
为了以后能拿到更高的薪水				

Q29. 你最希望毕业后在什么地方工作和生活？

1. 农村　2. 类似自贡、宜宾这样的中小城市

3. 类似成都这样的大城市

Q30. 中职毕业后，你的实际就业选择是什么？

1. 党政机关、国有事业单位　2. 国有企业、集体企业

3. 私营企业、外资企业　4. 自主创业　5. 参军　6. 继续升学